自治体経営の新展開

岩﨑 忠
Iwasaki Tadashi

一藝社

はしがき

　近年、自治体経営のあり方は大きく変わろうとしている。その背景には、大きく３つの流れがある。

　まず、地方分権改革の推進である。地方分権一括法（2000年施行）を中心とした地方分権改革により機関委任事務・通達が廃止され、自治体の条例制定権・法令の自主解釈権が拡大したことで、自治体は主体的な政策立案、決定、実施といった自主的な行政運営が求められるようになった。

　次に、新しい行政運営のあり方を求める改革である。すなわち、自治体の行政運営に企業経営の発想と手法を持ち込むNPM（New Public Management）の改革の理念と手法を導入し、自治体の制度と運営を変えようとした。民間委託、指定管理者制度、PFI（Private Finance Initiative：民間資金を活用した公共施設管理）、コンセッション、民営化がこれである。また、ボランティア、NPOなどの役割が拡大し、こうした市民の活動や力量を活かす地域経営の取り組みが進められている。

　さらに、いつ、どこで、大震災が起こるかわからない「震災ガバナンス時代」（鈴木庸夫千葉大学名誉教授の造語）が到来したことにより、日本全体が通常業務、災害救急業務、復興業務の３つの業務を同時並行的に行わなければならなくなり、大規模災害をはじめ、テロ対策を含めた危機管理体制をいかに構築していくかが重要になる。

　このような自治体を取り巻く外部環境の変化に対して、今後の自治体経営のあり方についてまとめたのが本書である。本書は、以下のような３部構成である。

　第１章としては、「組織経営の新たな展開」をまとめた。まず、自治体自身の変革、すなわち、正確かつ迅速な意思決定・財政運営ができるような組織形態への変更が求められている。また、効率的な自治体経営を行うために、いかに民間と連携するか、住民と協力して事業を推進するかといった視点や、すべての業務を一つの自治体ですべての公共サービスを行うといった総合行政主体としての自治体から、一部業務は、近隣自治体などと連携をしながら業務を進める自治体間連携といった視点を示している。さらに、住民の代表である自治体の長と議会との新たな関係、自治体議会改革の視点を示した。

　第２章としては、「自治体政策の新たな展開」をまとめた。地方分権改革が行われ、自治体自ら政策を立案する時代が到来したが、自治体らしさ、すなわち住民との協働、住民が主体的に自治体政策に関与するといった視点が施策

展開に求められている点をさらに強調した。本書では、公共施設の老朽化対策、空き家対策、生活困窮者対策、いわゆる「ごみ屋敷」対策、大規模災害対策等の具体的な事例を挙げて分析した。

　第3章としては、「政策法務の新たな展開」をまとめた。従来の法律学は、国が制定した法律をいかにうまく現実社会にあてはめるかといった法解釈が中心であったが、価値が多様化し、自治体を取り巻く外部環境の変化が激しい今日、与えられた知識により問題解決するだけではなく、問題解決するための知識を自らが創造する政策立案能力が求められている。すなわち、与えられたルールにより問題解決するだけではなく、コミュニケーションによりルールを作り出し、問題解決する立法能力が求められている。本書では、自治体法務のプロセスを政策過程に置き換え、立法法務・執行法務・評価法務の特徴を述べるとともに、法による画一的かつ一律的な執行ではなく、契約による一国多制度型・オーダーメイド型の執行の重要性・課題について言及し、震災ガバナンス時代の政策法務の重要性を強調した。

*

　神奈川県職員として19年間勤務し、その後4年半地方自治総合研究所常任研究員として研究を行い、高崎経済大学地域政策学部准教授に赴任してから約2年半が経過しようとしています。本書が刊行できたのは、神奈川県職員として実務を経験できたこと、地方自治総合研究所での研究、さらには、高崎経済大学の同僚、関係者の方々から貴重なアドバイスをいただくことができたおかげだと思います。深く感謝しています。また、県職員時代から良き先輩であり、良き指導者である礒崎初仁中央大学法学部教授が身近にいらしていただいたおかげだと思います。さらに、一藝社の企画・編集担当の松澤隆氏には励ましの言葉と編集にあたって多大なる協力をいただきました。ありがとうございました。最後に、こうした発刊にたどりつくことができたのは、やはり家族の協力があったからだと思い、感謝しています。

　本書が、自治体について学んでみたいと関心をもつ方々に読まれ、活用され、今後の自治体経営の発展に貢献できれば幸いです。

　　　2017年2月末日

岩﨑　忠

目　次

はしがき　　　3

第1章 組織経営の新たな展開

第1節	自治体経営を分析する視点	10

― 環境の変化に柔軟な組織 ―

第2節	行政改革と新しい公共経営	20

（New Public Management）

第3節	指定管理者制度導入と利用料金制度	25
第4節	自治体と民間との連携（窓口業務を中心）	31

― 市場化テスト ―

第5節	環境の変化に柔軟に対応できる自治体組織	35

― 事業本部制の挑戦 ―

第6節	自治体財政と財政改革	40
第7節	政策実施のための自治体間連携	49
第8節	二元代表制の現状と新たな展開	55
第9節	自治体議会の制度と現実	60
第10節	自治体議会改革と市民参加	66

第2章 ● 自治体政策の新たな展開

第1節	自治体政策を考察する視点 ― 自治体と住民の新しい関係 ―	72
第2節	自治体における公共施設マネジメント	79
第3節	市民と自治体が協働するまちづくり ― 千葉市における「ガバメント2.0」の挑戦 ―	83
第4節	大規模災害対応と危機管理	87
第5節	空家特措法施行後の空き家対策	92
第6節	いわゆる「ごみ屋敷」対策	106
第7節	自治体の生活困窮者自立支援	117
第8節	子ども・子育て支援新制度	121
第9節	人口減少化時代の地方創生	125
第10節	自治体の総合計画	130

第3章 ● 政策法務の新たな展開

第1節	**自治体政策法務**	144
第2節	**企画部局が関わる条例の見直し**	154
第3節	**実践政策法務**	158
第4節	**行政契約の新たな展開**	161
	── 連携協約「法制度化のインパクト」──	
第5節	**震災ガバナンス時代の政策法務**	169

資料		183
参考文献		188

装丁+図表作成　アトリエ・プラン

第1章

組織経営の新たな展開

第1節
自治体経営を分析する視点
―環境の変化に柔軟な組織―

1 自治体組織を取り巻く課題

　自治体組織を取り巻く課題として、少子高齢化社会、公共施設の老朽化、大規模災害、格差社会の4つを挙げることができる。

(1) 少子高齢化社会への対応

　まず、少子高齢化者社会への対応であり、これは、現在進められている地方創生に関連している。国立社会保障・人口問題研究所が発表した『日本の地域別将来推計人口』(2013［平成25］年3月推計)によると、今後の人口動態は、全体として人口が減少していく中で、老年人口が増加していくことが見込まれる。こうした高齢者の福祉、医療等に対する需要が増加していくことが想定され、これらの負担は自治体財政に大きな負担になっていくことになる中で、急激な高齢化から起こる事態にいかに対応できるかが課題となっている。また、こういった高齢者社会を支える若者人材の育成という点では、子育て環境を整えるといった点も重要になってくる。子育て支援についても今後の自治体行政の課題ということがいえる。

　そして、このような高齢化社会において子育て世代の女性は、子育てと親の介護という二重負担が同時期にやってきており、こうした少子高齢化社会の中で、住民サービスを充実しながらどのような職場環境を構築するか、住民のための自治体経営のあり方を構築する上で大切な視点になってくる。

(2) 施設の老朽化への対応

　次に、施設の老朽化への対応であり、とりわけ公共施設である道路、河川、上下水道などは非常に多く、これらは高度成長期に建設されたものが多いので、一斉に更新時期を迎えており、財政的に自治体経営の大きな負担になる。

　現在、各自治体は公共施設等総合管理計画の策定に取り組んでいるが、こ

うした公共施設等の総合的かつ計画的な管理については、国の対応だけでなく、民間企業、都道府県との間でどのような役割分担になるか、今後大きな課題になる。公共施設の老朽化への対応とは別に、空き家対策などといった個人住宅の空き家への対応も問題として顕在化してきている。空き家対策については、空家等特別措置法が2015年に完全施行され、法では市町村を空き家対策の実施主体として位置づけたが、今後どのように対応するか、自治体経営の課題である。

（3）大規模災害への対応

　大規模災害への対応については、地域によっては、豪雪などに対する危機管理などを行う必要がある。いかに迅速かつ効率的に対応するかが鍵になる。また、当然、阪神淡路大震災・東日本大震災をはじめとする低頻度の大規模災害への対応を行う必要がある。消防については、政令指定都市を含めて市が対応しているが、警察については都道府県、自衛隊は国というように危機管理の体制は構築されており、各団体間の役割分担と連携が課題になる。大規模災害とりわけ台風、地震などについては、職員が職場に足を運べない場合に、公共サービスをいかに提供するかが自治体経営の課題になる。

（4）格差社会への対応

　バブル経済の崩壊後の中高年世代の雇用保護政策による非正規社員、フリーターの増加に伴い、若年者の雇用条件の悪化を招き、世代間の生涯所得の格差が拡がってきた。こうした経済格差、とりわけ親の経済状況が子供の教育機会に影響し、子供の貧困にもつながっている。一方、高い教育が好条件の職業機会につながり、格差は世代を超えて継承されつつあるため、教育の拡充を図るために教育を受けることができる機会の平等（形式的平等）を保障した社会環境の整備が求められている。

　また、市場経済の構造改革により、産業界への規制緩和が行われたことで、リスクを持ちながら成功した者と失敗した者、リスクをとらなかった者との格差が拡がっている。競争力をもった新たな起業を行う際のセーフティネットの構築が求められている。さらに、生活保護受給者の増加、生活困窮者への対応など、財政面、情報面などでのバックアップの構築も求められており、機会の平等（形式的平等）だけでなく、結果の平等（実質的平等）をいかに達成するかが自治体経営に求められる視点である。

2　知識創造型自治体組織の構築

　自治体を取り巻く課題は、多様化し、多元化してきており、かつ、複雑化してきている。こうした外部環境に対して、自治体職員は、国が立案した制度や法律の規定どおりに間違いなく仕事を行えばいいのではなく、いかに自分自身で政策課題を解決するか、そのプロセスを描き、結論を導く問題解決型の能力が求められている。すわなち、与えられた知識により問題を解決するだけではなく、問題解決するための知識を創造するスキルが求められてくる。

　このためには、日常から自治体組織内で問題解決のために必要なグループワーク（議論）ができる環境を整え、さらに、自治体組織外では、住民とのコミュニケーションを重視した行政手法が重要になってくるであろう。

　また、様々な行政分野（建築、土木、福祉、環境、衛生等）に関係した複合型の行政課題には、一つの行政手法（物差し）では解決できない場合があるので、複数の行政手法を検討し、問題解決に向けた筋道を検討しなければならない。こうした複合型の自治体課題に対しては、法律や経済などの知識も大切であるが、自治体職員が、それぞれの現場（建築、土木、福祉、環境、衛生等）で身に付けた問題解決型の能力が重要である。これらの知識は現場（仕事）を通じてつくり上げられた、創造された知識であり、こういった生きた知識をもとに現場職員とともにグループワークをすることで問題解決のための行政手法（ものさし）を職員が体得する必要がある。自治体職員の現場（仕事）によって創り出された知識こそ、組織内で共有する必要がある。こういった意味でも、自治体の職員研修のあり方は、知識習得型・講義型研修から、グループワーク・コミュニケーション型の問題解決型の研修に移行するべきであろう（平成6年度神奈川県職員公募研究・研究報告書『知識創造型政府へ―「その組織と人材のマネジメント」』かながわ政策塾、1996年3月参照）。

3　外部環境の変化に対応する自治体組織

　外部環境の変化に対応する自治体組織とは、説明責任を果たす組織であり、安定したサービスを提供できる組織であると考えることができる。

（1）説明責任を果たす組織（民主性）

　自治体に対して物事を決めるのは、第一義的は、主権者である住民であるが、

実際に住民から委任を受けた首長や個々の議会議員である。とはいうものの、議会議員が自治体行政を実際に動かすことは不可能なので、自治体行政を担うために組織を作って住民に向けた行政サービスを提供するのである。

自治体の場合、住民が本人で、議員が代理人となり、「本人－代理人理論（プリンシパル―エージェンシー理論）」（**図表1-1、本人－代理人理論、参照**）というが、この代理人は行政（自治体）の場合、官僚に該当する［曽我謙吾『行政学』有斐閣、2013年、pp.18-25］。

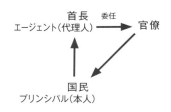

図表 1-1　本人‐代理人理論

〔出典〕筆者作成

行政官僚は、住民をないがしろにし、自己の利益追求に走ってしまう可能性がある。行政官僚が支配者にとって代わって支配するようになることを、エージェンシー問題（エージェンシーギャップ・エージェンシースラック）などともいう。こういった官僚の行動、暴走をどのように、監視し、住民の利益のために働かせるか、という問題が生じる。このように、住民が税を負担して雇用している公務員は常に住民の利益のために働いているという説明責任を負っているといえる。とはいうものの、自治体組織の場合は、国民・住民の利益や意向が多様であること、住民のために働かない可能性があることなどから、住民参加を進め、監査制度やオンブズパーソン制度を充実させることや、政策評価制度を導入して説明責任を果たさせる取り組みが求められる。

具体的には、自治体が自ら決定し、そしていかに効率的に住民の要望に応えて公共サービスを実施していくか説明することが求められている。ここでの説明責任は、大きく分けて2つあり、1つは、自治体自らが立案した政策を決定し、実施したことについて情報発信しなければならないという**「情報提供の義務」**と、もう1つは、住民が自治体に対して、質問や意見を提出し、自治体がそれに応え、説明しなければならないという「応答の義務」、もしくは**「情報公開の義務」**という2つの側面がある。

情報提供については、断片的でわかりにくいものではなく、政策の全体像が明らかで、住民にとってわかりやすいものでなければならない。また、収集した情報を歪めるのではなく、素直に伝え、政策決定にあたっての合理性や効率性を裏付ける情報だけでなく、他に検討した選択肢も提供することが望ましい。

例えば、用地買収業務を行う場合、相手方から合意を得るために、積極的に情報提供することで合意調達しようとするなど、合意形成との関係の情報を挙げることができよう。情報公開については、住民が自治体の活動に対していつでも意見や質問等を提出することができ、自治体がそれに対して、必要な説明を行う仕組みをつくることが大切である。つまり、情報のフィードバック回路を設定することで、双方向性の情報交換（意見交換）を保障することが大切であろう。そうすることで「信頼される行政」にもつながる。

このような情報公開は、住民の代表者で構成される自治体議会の質問と答弁など審議を通じて活性化されるものであると考えられるが、情報公開制度など住民が直接自治体に参加・参画できる機会を保障することは重要だろう。

さらに、住民の代表機関である自治体議会を傍聴する機会が与えられたり、住民の自治体行政に対する監視機能を高め、自治体行政の審議会等各種委員会の会議録が公開されることは、意思決定に参加するきっかけにもつながる。

(2) 迅速に対応できる組織（効率性）

自治体が組織を作るのは、自治体の行う業務が多く、その分野は様々に分かれているためである。自治体の多くの業務は、自治体全体のバランスを保ちつつ、そして無駄なく、効率的にかつ、専門性をもつため、首長がすべてを対処しきれない。そこで分担の仕組み、政策を分掌（分担）する仕組みが必要になる。そして、自治体行政において、面積や人口が大きくなればなるほど、自ずと、自治体が対象とする人や地域の拡がりをもつため、自治体行政組織は大きくなる。大きな組織の中では、場合によって組織全体のまとまりを失い、分裂状態を招きやすくなる。個々の組織や職員の専門性が高まると組織全体の調整が難しくなる。分立割拠となり、対立を生む。

こうした対立を回避するために、組織内、組織間の調整が必要になる。調整という業務を通じて、個々の組織や個人が協働しあい、自治体としてのひとつの組織活動が可能となる。組織が分かれていくことによって専門性は高まるが、組織間の調整を行わなければならないので効率性を損なうことが危惧される［柴田・松井、2012年、p.179］。

ここで問題にするのは、総合化のための調整を効率よく行うために組織を一体化させるのか、また、総合化による調整の効率性を多少犠牲にしても組織を分離して専門性のある組織を独立させるのか。調整の効率性と専門性（説明責任）との関係をどうするか求められる。

自治体組織は、階層により組織化されている。首長をトップに局長、部長、次長、課長、課長代理、係長、課員というようにピラミッド組織で階層化しており、担当者たる課員は、決裁権者のところまで起案書を回すことになる。決裁権者までの階層が多ければ多いほど決裁、すなわち意思決定には時間がかかる。

　こうした場合、ピラミッド組織の意思決定を迅速化させるために、2つの方向が考えられる。**①組織のフラット化**と、**②管理職の専決権限**の拡大である。

　まず、①組織のフラット化は、従来の8階層を次長とか課長代理を除いた6階層にすることが考えられる。この組織のフラット化には、メリットとして3点を挙げることができる。まずは、意思決定の迅速化であり、管理職数の削減にもつながることから、管理職数が減ることでコスト削減につながる。さらに、新しいニーズや突発的な出来事に対する対応が迅速になされる。こうしたフラット化には、管理職の管理する範囲（span of control）の拡大を意味するが、この点は、情報化（一斉メールでのやりとり等）することでクリアできる。

　一方、デメリットとしては、管理職の管理する範囲（span of control）が拡がるので、より多くの職員をチェックすることにつながるため、管理職の責任は重くなるということができる。また、情報によりフラット化することで、管理職と職員の間のコミュニケーション不足になり、コミュニケーションによる人材育成（OJT）が困難になる可能性が出てくる。

　次に、②管理職の専決権限の拡大である。自治体の意思決定手続きとして、決裁制度がある。全ての事案の判断を首長が行っていては、首長が行うべき業務のための時間を制約することになる。そこで、最終的な決定をする職を決めておくのが専決権である。専決権の拡大は、首長まで決裁をまわさずに、局長、部長、課長の権限を拡大することである。これは、意思決定の迅速化につながる反面、住民が選んだ首長による決定ではなく、官僚による決定の拡大を意味することにもつながるので、慎重になる必要がある。

（3）安定したサービスを提供できる組織（安定性）

　自治体行政は、公平（平等）な対応、所得の再配分機能が求められる。低所得者や社会的弱者の福祉、私人間の公平を実現するために、様々な対応を図ることが必要である。

　例えば、低所得者の生活を支えるための財やサービスは市場では提供できないが、福祉国家では不可欠であり（憲法第25条第2項[※]）、政府は租税を財源にして提供する必要がある。

[※]「国は、すべての生活部面について、社会福祉、社会保障及び公衆衛生の向上及び増進に努めなければならない」

また、自治体行政の継続性から、公共サービスを継続的かつ安定的に提供する必要がある。緊急時、災害時でも安定して公共サービスを提供できるという視点は大切であり、安定した組織や雇用によりサービスを提供できるようにするべきである。

　具体的には、職場環境の充実として、雇用形態として、非正規公務員から正規公務員にすることである。雇用の安定が、仕事の安定、ひいては住民サービスの安定につながるという点から当然挙げられる。

　さらに、最近では、**①在宅勤務、②サテライトオフィス、③モバイルワーク**といったテレワーク勤務が注目される。「オフィス」中心の仕事のやり方から「人」中心の仕事のやり方に転換することである。テレワークとは、ICTを活用した場所や時間をとらわれない柔軟な働き方のことで、このテレワークが注目された背景には、少子高齢化といった自治体をとりまく環境の中で、より多くの労働力を確保するために、より多くの人が働ける社会が必要になるからである［田澤由利「柔軟な働き方が日本を救う―公務職場こそ、テレワーク導入を」『ガバナンス』ぎょうせい、2016年2月号、pp.46-48］。

　まずは、①在宅勤務であるが、例えば、職員の育休、介護時期にどのように仕事を継続させるかであり、育児・介護による離職を防ぐことは、組織の安定性と継続性を保つ上で重要なテーマである。また、自然災害や新型インフルエンザなど緊急事態で業務を継続することができなくなった場合にも対応できる。さらに、難病の方や障がい者の就労にもつながる可能性がある。こうしたテレワークの活用は、組織や業務の安定性だけでなく、1人で集中して業務を進める仕事の効率化にも寄与出来る。課題として、組織内のコミュニケーション不足が挙げられるが、スカイプなどを使ったWEB上でのテレビ会議など風通しのいい雰囲気づくりが求められる。

　次に、②サテライトオフィスである。自宅にネット環境がない職員も最寄りのサテライトオフィスに行けば、職場同様の仕事ができる環境を整えることが重要である。出張帰りに立ち寄ってレポートをまとめたりできる。台風などの災害時に本庁までに行くのが難しいとき（通勤困難時）にサテライトオフィスで業務可能である。

　最後に、③モバイルワークである。タブレット端末を用いたモバイルワークは、現場で強みを発揮している。ペーパーレス化と情報のデータ化、情報の共有化につながる点がメリットである。例えば、不法投棄などの情報が県民から

提供されると、監視指導中の職員に連絡され、現場での対応に寄与できる産業廃棄物監視指導業務、作物の様子をビデオに撮影しながら、専門技術者がアドバイスをすることができ、迅速かつ効果的な普及指導が行うことできる。農業改良普及センター普及員の業務にも活用可能である。

また、建築・土木系の現場でもGPS情報の活用、動画の撮影、共有など業務効率化が図ることが可能である。さらに、県税事務所や保健福祉事務所の職員が、訪問先で許認可や審査に必要な資料をクラウドから取り出し申請内容を簡単に、確実に確認できるようになったり、企業誘致、観光客の誘致の点で動画や電子カタログを取り入れたプレゼンや顧客管理に威力を発揮している。

こうしたテレワーク業務は、住民サービスの向上に寄与しているといえよう。

4 公共サービスの提供主体の市場化・自治化の課題

自治体経営の効率化のためには、公共サービスの提供主体の市場化・自治化を検討する必要がある(**図表1-2**)。官から民への市場化の課題としては、民間組織は採算が合わないと撤退する可能性を常に持っている。また、役所には倒産はないが、民間企業には倒産がある。このように民間事業者に公共サービスの提供を任せるため常にモニタリング（監視）が必要になってくるという点が重要である。

一方、自治会等住民組織との協働を行う場合、自治会組織が民主的な組織になっているかというとそうではない場合が見受けられる。すなわち、地元で発言力のある人がたまたま自治会長となっている場合もあり、自治会組織の民主性が問われる。すなわち、自治会に公共サービスの提供を任せる場合、その内容を厳選しなければならない。

(1) 市場による解決（＝「効率」の原理）

近代経済学者のアダム・スミスは、大著『諸国民の富』において、「競争」の結果、私的利益（利潤）を求める個人は、あたかも「見えざる手」によって導かれるように、公共の利益を実現することになると論じている。

こうしてできあがった効率的な状態を「パレート効率性（パレート最適）」と呼ぶ。この「見えざる手」が有効に働くために、「競争」がなければならないが限界があり、このように「パレート最適」を達成できない場合は、「市場の失敗」と呼ばれる［スティグリッツ、2003年、pp.95-108参照］。

代表的な次の4つを紹介する。
①不完全競争（独占、寡占）

1社（独占）もしくは少数の企業（寡占）が市場で大きなシェアを占める場合には完全競争を実現するための政府の介入が求められる。
②公共財（非競合性、非排除性）

空気を誰かが呼吸して吸ったとしても他の人が消費できずに窒息死するわけでなく、全ての人に享受される（非競合性）。納税を支払わない脱税者も自治体の大気汚染対策政策の効果が享受される（非排除性）。
③外部性（外部経済と外部不経済）

ある企業が大気汚染などの公害をもたらしているにもかかわらず、企業は負担しないで利益を得たり（外部不経済）、社会に便益をもたらすのに他者から対価を得ない場合（外部経済）を「外部性」という。
④不完全な情報の場合

消費者に生産地や製法などについて適切かつ必要な情報が与えられなければ、消費者は正確な判断ができないなど、市場にあまりにも情報が少なかったり、消費者側に情報が不完全な情報しか与えられない場合、市場は十分に機能しない。

（2） 政府による解決（＝「公平」の原理）

政府の役割とは、「市場の失敗」に対応することであるが、同一事情・同一条件のもとで均等に扱う「機会の平等」（形式的平等）だけでなく、低所得者、社会的弱者のための福祉（所得再分配）を考慮した「結果の平等」（実質的平等）をとる必要がある。低所得者のための財やサービスの提供は福祉国家に不可欠であり、市場は提供できずに、政府が租税を財源として提供する。

①利潤を追求しない組織

利潤の追求、競争関係がなく、倒産もない組織のため、生産性に対するインセンティブが働かずに非効率になる場合がある。

②エージェンシー・スラック

住民の代理人（エージェント）である政治家により委任された官僚が、自己の組織や自身の利益を優先して、住民をないがしろにして働かない可能性がある。

③政治的決定のゆがみ

政治家は選挙により選出されないと地域を守れないため、選挙民（ポピュリズム）に人気のある政策にのみ過剰に誘導しようとし、任期内の短期的な成果

のみ重視する傾向にある。

④官僚制の病理

官僚は、失敗を恐れ、責任回避のために形式的かつ慎重な手続をとる傾向にある。このため、法律の目的、意図する点を踏まえて解釈せずに、法令の文言通り「杓子定規」に対応したり（法規万能主義）、元来想定した状況に対する対応能力は新たな環境に対する柔軟性に欠けている場合（訓練された無能力）もある。

図表 1-2　公共サービス提供主体の市場化・自治化

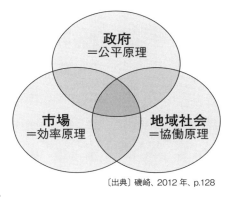

〔出典〕磯崎、2012 年、p.128

⑤財政的な制約

単年度会計主義により、年度を超える支出は原則禁止などの財政行動に対する民主的な統制と公金の適正な制約が課されている。

（3）地域社会（自治組織）における解決（＝「協働」の原理）

自治会、地域団体、NPO、ボランティア等自治組織によりサービス提供することは十分可能であるし、協働の視点からは望ましいが、恣意な対応の可能性もあり、次のような課題がある。

①民主制の欠如

地域社会の自治組織は、代表者の選出、規約制定、民主的ルールなどが明確に規定されていない場合が多いので、特定個人の独断専横に陥る可能性や、少数意見が軽視される恐れがあるので注意する必要がある。

②少数者の権利の軽視

自治組織において、その運営の制度的保障が十分でないため、少数者の権利や意見が軽視される可能性がある。少数者の意見や第三者の意見を反映できる手続を設けることが期待できる。

③フリーライダー

自治会未加入者、自治会費未納者が、自治会が管理するゴミ捨て場の便益を受けるなど、受益者の負担で提供されるべき便益を負担なしに享受（ただ乗り）すること場合がある。

第2節 行政改革と新しい公共経営
(New Public Management)

1 行政改革の背景

　英国をはじめ、多くの国々で行われてきた行政改革の背景には、戦後各国で進められてきた福祉国家としての発展の行き詰まりがある。社会福祉の拡大に伴う負担が、国の経済活動の活力を低下させたと考えられた。
　つまり、福祉国家の実現をはじめ行政活動の拡大をもたらしたのは、市場の失敗を政府活動によって補おうとしたことによる。だが、公正性、平等性を重視し、法令や予算制度に縛られた行政活動は効率的とはいいがたく、改革の方向は、社会で必要とされる公共サービスを効率的に供給する方向に移行した。

2 行政改革の視点

(1) 規制緩和の視点
　公共サービスの安定的な供給の維持と安全性の確保を目的として、政府の産業活動に対して、参入規制や料金規制を行ってきたが、これらは市場における競争を制限するものであり、料金が高く質の低いサービスを供給される傾向があると指摘されてきた。
　これに対して、市場における競争こそが、消費者の求める質の高いサービスを安く提供できるという「規制緩和」の考え方が主張され、市場メカニズムを高く評価し、政府活動をできるだけ小さくし、政府による市場への介入を減らすことを目指した。

(2) 民営化の視点
　国民にとって不可欠な公共サービスや巨額な初期投資を要する事業は、国が直轄で行ってきた。しかし、政治的な配慮に基づき採算を度外視した経営が行

われたり、政治的な政策判断が優先される傾向があり、それは経営の非効率と国家財政に大きな負担をもたらした。このような国営事業に対して、民間企業の経営論理を適用することで、より効率的で良質な公共サービスを提供しようとしたのである。

3 公共サービスの要素と選択

　公共サービスを有効かつ効率的に行うためには、その供給形態は、多様なものが考えられる　［森田、2000年、pp.43-44］。

①公共サービスの「供給主体」──官か民かという選択

　公共サービスの提供は、行政機関が直接行う「直轄方式」で行うべきか、それとも民間企業など、そのサービスの供給に必要な能力を保有し、より効率的にサービスを供給しうる主体に「外部委託」（アウトソーシング）すべきかという供給方式の選択である。さらに、その委託等の形態や程度は多様なものが考えられる。ゴミ収集等で既に実施されている業務ごとの委託もあれば、施設の維持管理を一括して行う「第三者委託」、「指定管理者制度」、民間資金を活用して社会資本整備するPFI（Private Finance Initiative）、事業の運営権を民間に付与する「コンセッション方式」、資産の所有権を含み民間に譲渡する「完全民営化」まで様々である。

　また、民間供給主体として、その分野の専門家であるべきか、それとも一般市民ないし住民が自ら実施すべきかという供給主体の選択である。その分野の専門家に委ねた方が質の高い効率的なサービスを提供できるのか、それとも供給量からして近隣のボランティア、地域住民、自治会、地域団体（農協、漁協、商工会議所、観光協会等）に委ねた方が合理的なのか。両者の多様な組合せも考えられる。

②公共サービスの供給に要する「費用負担」──税金か受益者負担かという選択

　公共サービスの供給に要する費用は、税金により支出されるべきか、それともサービスの受益者がそのサービスの費用を負担するという受益者負担の方式が望ましいか、という選択肢がある。前者は、負担と受益の関係が切り離されるところから、受益者の負担能力の問題は生じないが、浪費や財政の肥大化を生む可能性がある。後者は、負担能力の差が不平等を生む可能性があるが、財政膨張を抑制できる。

4 新公共管理論（New Public Management）

これまで、政府が行ってきた規制を撤廃ないし緩和するとともに、政府活動によって行ってきた公共サービスの供給を外部に出すことで、民間企業における経営手法等を積極的に導入することによって、効果的、効率的な行政運営を行い、質の高い行政サービスを実現しようとするものである。

（1）伝統的な官僚モデルとNPMモデルとの比較

伝統的な官僚モデルでは、行政活動には客観的な実績（成果）を示す指標が存在しないことから、活動の産出物ではなく、行政活動に投入される予算、人的資源等の行政資源について事前に厳しく議会によりチェックされる。それとともに、活動の手続や方法についても法令等によって細かく規定（手続統制）されることによって、行政活動の産出物の質を確保しようとするものである。つまり、入り口と途中の過程を統制することで最終的な成果を確保しようとするものである。このモデルでは、公平かつ一定の質をもったサービスを保障するものである。資源の効率的利用をもたらすインセンティブが存在しないことから非効率を生む。

NPMモデルの代表例は、英国の「エージェンシー（agency）」制度である。この制度は、行政機関の活動を政策立案等の政治的価値判断を伴う決定とその執行に分け、それぞれを担う組織を明確に分離し、執行機関の運営に関しては、民間企業の経営管理手法を取り入れようとする制度である。すなわち、「政策の決定と執行の分離」する制度である。

執行を担う組織（エージェンシー）では、業績を一定期間の利益という客観的な指標で評価し、利益を最大化する方法については経営者の裁量に委ねる民間企業の方式を取り入れるという考えである。行政組織においても最終の産出物のみを評価の対象とし、産出過程の弾力化を図ることで、効率化を図ろうとする制度である。

つまり、政策決定者とエージェンシーの長は、ある一定の目標を設定した契約を締結することになる。そして、エージェンシーの長は、効率化のために、必要な組織運営権、財政運営権に関する裁量権が付与され、創意工夫することによって、最も効率的に目標を達成することが要請される。

図表1-3　公共サービス提供主体の市場化・自治化

従来の伝統型官僚モデル	NPMモデル
○ 法律・規則中心主義	○ 市場原理中心主義
○ 公正、平等主義	○ 有効性、効率性重視
○ 画一的行政サービス	○ 多様な行政サービス
○ 明確な階統制	○ 自立的な組織間での契約によるマネジメント
○ 手続中心主義	○ 競争原理とインセンティブ
○ 成果が問われない	○ 成果主義(顧客満足度)
○ 官が自ら行う	○ 官は舵(かじ)をとる

〔出典〕外山ほか、2014年、p.35より修正加筆

図表1-4　従来の伝統的官僚モデルとNPMモデル

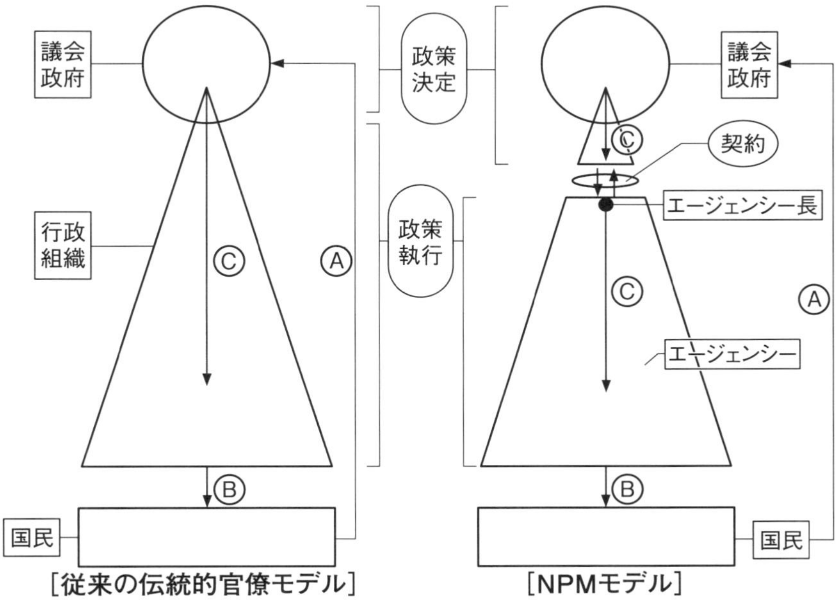

[従来の伝統的官僚モデル]　　　[NPMモデル]

Ⓐ: 国民よる監視・統制
Ⓑ: 行政機関から国民に向けられた「活動」
Ⓒ: 行政「組織」内部の管理

〔出典〕森田、2000年、p.17より筆者作成

(2) NPMの限界
①目標の設定・評価
　行政活動の場合、民間企業と異なり、「収益」のような業績を表す客観的な指標はないため、あらかじめ、活動目標を設定しておき、その目的達成度で一定期間の実績の評価を行うことになるが、明確な目標と基準として客観的な目標を設定できるかが鍵となる。つまり、複雑な評価目標を設定することは困難なため、比較的目標設定が容易な定型的な業務を対象とすることになる。

②契約事項
　政府とエージェンシーの長との間で交わされる契約に規定されていない事項が発生した時、つまり、予期しない問題が発生したときに、政府として的確な対応をとることができるか。政府の国民に対する説明責任を果たすことができるか課題である。また、効率化を求めた結果、公共サービスに求められる公正さ、公平さに反する場合が起きないか危惧される。

③公共部門における競争
　政府は、より有能なエージェンシーの長と契約締結することで外部経営者が行政組織をいかに効率的に組織運営できるかという点にある。

(3) C.フッド (Hood) の7つの教養　[稲継裕昭、2013年、p.166]
①専門家による行政組織の実践的経営
　　→トップは可視的なマネージャー（匿名ではない）。移譲された権限により自由に管理（free to manage）
②業績の明示的な基準と指標
　　→成功の物差しとして定義された測定可能なゴールやターゲット
③結果（output）統制をより一層重視
　　→業績にリンクした資源の割当てと報酬
④公共部門におけるユニット（組織単位）分解への転換
　　→公共部門を製品ごとに組織され、移譲された予算をもつ、互いに対等な関係で処理される傘下のユニットに分解
⑤公共部門における競争を強化する方向への転換　→期間契約、公共入札手続
⑥民間部門の経営実践スタイルの強調
　　→軍隊スタイルの公共サービス倫理を離れ、より柔軟な給与、採用、規則へ
⑦公共部門資源の利用に際して倹約の一層の強調　→直接の費用削減

第3節 指定管理者制度導入と利用料金制度

1 指定管理者制度の導入

(1) 公の施設の管理と第三セクター

　公の施設（地方自治法第244条第1項※）は、公共の利益のために多数の住民に対して均等にサービスを提供することを目的として設置されたものであり、その適正な管理を確保するために、管理受託者については、従来はその受託主体の公共性に着目し、公共団体（地方公共団体のほか公共組合を含む）または公共的団体（農協、漁協、赤十字社、町内会等）、第三セクター（出資団体）等に限定してきた。例えば、指定管理者制度導入（2006［平成18］年4月1日改正）以前の神奈川県都市公園条例第18条は、「……都市公園の管理に関する事務のうち、公園施設の運用管理及び維持管理に関する事務は、財団法人神奈川県公園協会に委託する」と規定していた。

　第三セクターは、1962（昭和37）年に策定された「全国総合開発」に基づく地域開発の要請を受けて設立された。以後、昭和40年代から50年代にかけて、従来の地域開発やインフラ整備に加え、リゾート開発、都市再開発、産業振興、国際交流など新たなニーズに応えるために、自治体が主導する第三セクターが全国各地に設立されるようになった。この第三セクターは、設立が容易であること、企業経営原理に基づき経済性を重んじた経営が可能であること、団体の職員には地方公務員法が適用されないため柔軟な人材確保が可能であることなどから期待された。その一方で、自治体が出資し、人事や業務面で何らかの関与をしていることから財政運営に対する影響の考慮、適正な行政の確保、民主的統制の保障などの点から自治体の統制が考慮され、公共的な色彩が濃くなり、民間企業のもつ効率的、機動的、弾力的経営の色彩は薄れたのである。

(2) 指定管理者制度の導入

　規制緩和、行政の民営化、民間経営手法の行政導入、PFIの積極的導入など一連の行政改革の流れの中で、公の施設の管理のあり方の見直しが提言され、

※「普通地方公共団体は、住民の福祉を増進する目的をもってその利用に供するための施設（これを公の施設という。）を設けるものとする」

地方行政改革の一環として指定管理者制度が盛り込まれ、地方自治法が2003（平成15）年6月に改正された。この指定管理者制度の導入より、管理委託制度は廃止され、「法人その他の団体で地方公共団体が指定するものに施設の管理を行わせることができる」とする指定管理者制度が創設された。そして、このことにより、地方公共団体はもちろん、民間企業、NPO法人、ボランティア団体などの様々な民間事業者も指定管理者として公の施設の管理運営を行えるようになった。

そして、第三セクターの中には、特定の公の施設の管理委託を目的に設立された団体も多く、そうした団体においては、指定管理者制度自体が、第三セクターの存立の基盤を脅かしたのである。実際、財団法人横須賀市公園緑地協会は指定管理者導入時（2005［平成17］年度末）に廃止された。一方で、第三セクター以外の民間団体にも指定管理者への途が開かれたことで、競争の可能性が生じ、既存の第三セクターの経営改善へのインセンティブが与えられたともいえよう。［岩﨑忠「指定管理者制度に伴う第三セクターの変容――財団法人神奈川県公園協会を例にして」礒崎、2010年、pp.167-197］

図表1-5　第3セクターと官民関係

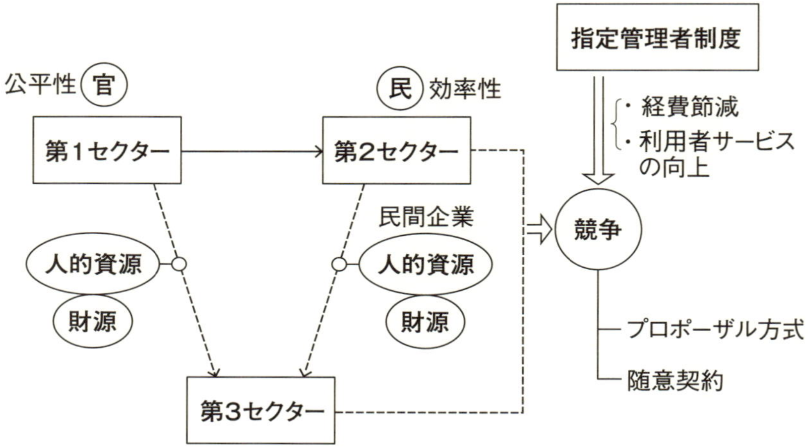

〔出典〕筆者作成

2 指定管理者の選定手続（募集・審査・決定）

（1）募　集

　指定管理者の選定は、①公募による選定、②公募によることなく選定（随意契約等）による方法が考えられる（**図1-6**）が、民間事業者の新規参入の機会を拡大するという視点から公募による選定が望ましい。

　総務省が行った『公の施設の指定管理者制度の導入状況等に関する調査結果（2015年4月1日現在）』（以下「総務省調査（2015年）」とする）によると、公募は、都道府県で約6割、政令指定都市で約7割、市区町村の約4割で実施されている。これは前回の2012（平成24）年調査よりわずかに増加しているもののほぼ同様な結果になっている。

　都市公園のように1つの自治体に複数あるような施設（神奈川県立都市公園は26箇所）は、全ての施設に指定管理者制度を導入するのではなく、施設の維持管理の専門性を維持し、指定管理施設のモニタリング（監視等）を適切に行うため、いくつかの公園を直営公園として残すことも考えられる。

　公募の場合、既に、現在管理している団体（指定管理者）と新たな応募者との間に情報の格差が生じないように注意すべきである。つまり、募集にあたっては、募集要項に応募手続きのみを記載するのではなく、施設の内容をしっかりと記載した募集要項を作成し、応募者に提示する必要がある。また、募集説明会は書類上だけで行うのではなく、現地説明会などを行い、質問と回答の機会を確保することが大切である。

（2）審査～指定

　審査にあたっては、書類審査、ヒアリング（プレゼンテーション）審査を通じて、指定管理者として管理できる能力をしっかりと審査する必要がある。

　審査員は、専門家のみで行う場合、職員のみで行う場合、専門家と職員が行う場合が想定できるが、専門性を維持し、客観的な判断を行うことが期待される。

　また、審査基準は、「利用者サービスの向上と経費節減」という指定管理者の制度導入の目的を反映する必要がある。あまりにも経費節減を強調し過ぎると、応募者は、よりよい事業を提案する必要があるため、事業費で十分にコストダウンできないので、人件費カットを助長することにつながる。人件費のカットは、職員の非常勤化によるコスト削減にもつながる。

　また、総務省調査（2015年）によると、指定管理者期間が、3年から5年が

図表1-6　指定管理者選定手続（神奈川県立都市公園［平成20年］の場合）

```
┌─────────┐
│ 条例改正 │　直営4公園を追加し、23公園全てに指定管理者制度導入。
└────┬────┘
     ↓
┌─────────┐
│  公募   │　募集説明会・現地説明会（全公園）で実施。
└────┬────┘　共同事業体の応募：
             （前回）44応募中14応募から（今回）63応募中34応募に増。
     ↓
┌──────────────────┐
│ 外部評価委員会による選考 │　（事務局：都市整備公園課）
└────┬─────────────┘
             外部評価委員5名による書類審査・ヒアリング審査
             （学識経験者3名、公園利用者代表1名、財務経理専門家1名）
     ↓
┌────────────────────┐
│ 神奈川県内部の幹部会議（庁議） │
└────┬───────────────┘
             ［幹部会議（庁議）］
             行政システム改革調整会議：知事、副知事、政策部長、総務部長、
             　労務担当部長（陪席者：都市整備公園課長）
     ↓
┌──────────────────┐
│ 神奈川県議会での審議 │
└────┬─────────────┘
             本会議・建設常任委員会での審議
     ↓
┌────────────────────┐
│ 指定管理者としての指定・公報登載 │
└────┬───────────────┘
     ↓
┌──────────────────────────┐
│ 業務の引継ぎ（管理主体が変更した公園） │
└────┬─────────────────────┘
             引継書の作成
     ↓
┌─────────┐
│ 協定書締結 │　（基本協定書・年度協定書）
└────┬────┘
     ↓
┌──────────────────┐
│ 指定管理者による管理・運営 │
└──────────────────┘
```

〔出典〕筆者作成

9割を超えた。前回調査よりも若干長期化の傾向にあるものの、3年から5年が一般的になってきている。このような期間限定の指定管理期間という制限があるため、指定管理者はできるだけ初期投資を抑制しようとし、常勤職の雇用をできるだけ控え、非常勤職員の採用で対応しようとする。こうした職員の非常勤化に伴うコスト削減（官製ワーキングプアの創出）は大きな社会問題になる可能性が大きいので注意する必要がある。

審査結果を踏まえ、議会の議決を受けて、指定管理者の指定がなされる。その後、自治体と指定管理者との間で基本協定書、年度協定書の締結が行われる。さらに、現在管理している団体と新たに選考された団体が異なる場合は、業務の引継ぎが行われる。引継ぎの中には施設の老朽化等負の財産を引き継ぐ場合もあり、この点は、自らが建設した施設を管理するPFI（Private Finance Initiative）と異なる点である。指定・引継ぎの手続きが終了すると、指定管理者の管理が開始される。

（3）指定管理者のモニタリング——公共性確保の仕組み

公の施設の管理を指定管理者に委ねるにしても、「公の施設」は自治体が設置したものなので、その公共性を担保し、公の施設の管理の適正を期す必要がある。

このためには、指定管理者の業務状況を継続的に監視（モニタリング）する必要がある。モニタリングは、指定管理状況を施設設置者である自治体に報告するものであり、神奈川県では、指定管理者が、業務日報・月例業務報告書を作成、利用者満足度調査による報告書を作成、実績報告書（事業報告書、収支報告書）等を作成、苦情や意見への対応をまとめ、県に報告することになっている。また、業務が適切に行われていない場合、実施困難な場合は、改善勧告、指示をすることになっている。それでも従わない場合は、指定の取り消し、業務停止命令をする仕組みになっている。このように、指定管理業務を評価する前提として、まずは提案通り管理がなされ、品質が十分に確保されているかを確認する必要がある。

この評価については、評価対象である行政活動に最も精通し、情報量を有している行政内部の職員も考えられるが、評価の専門性・客観性を担保するためにも外部の第三者が評価することが望ましいといえる。特に、指定管理者の提案内容を熟知している審査員が行うことも考えられる。こうした評価は、評価したことに満足する「評価のための評価」であってはならないので、できるだけ評価のための書類作成等で負担にならないような評価業務の簡素化、効率化が求められる。さらに、総務省調査（2015年）によると、指定管理者の評価は、都道府県レベルでは100％、指定都市レベルでは約96％、市町村レベルでは約72％実施しており、全体では8割の施設で評価を実施している。

（4）指定管理業務に係る経費

指定管理者が管理を行うために必要な経費は、①全て利用料金で賄う、②全て設置者たる自治体からの指定管理料で賄う、③一部を利用料金で、残りを自

治体からの指定管理料で賄う、の3通りが考えられる。

この場合、指定管理者の経営努力によって、生じた公の施設の管理についての利益は、指定管理者の利益としていいのか、自治体に返還させるべきかという議論がある。指定管理者が自治体が実施しがたいような経営努力を行って、コスト引き下げを図った結果、

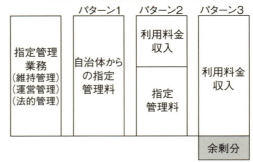

図表1-7　指定管理業務とその財源

〔出典〕筆者作成

指定管理者に利益が生じた場合、自己努力による利益を吸い上げないようにすることが指定管理者の経営努力へのインセンティブになり、指定管理者制度の趣旨に合致するものである。

一方で指定管理者が得る利益が、あまりにも過大である場合、条例上の利用料金額（上限額）の見直し、自治体への納付を含め、適切な対応を図ることが適当である。結論として、利用料金収入は全て指定管理者に属するとも考えられるし、自治体と指定管理者が折半する場合も考えられる。さらに、指定管理者の利用料金収入の利益分は全て自治体に属するという考え方は制度の趣旨から困難であろう。

（5）地元企業との調整──民業圧迫を回避するために

地元企業への民業圧迫にならないためには、地元企業に事前説明をして理解を求めることも考えられるし、指定管理業務の一部を地元企業に担ってもらい、地元企業の活性化（経済活性化）を図る場合も考えられる。一方で、地元企業と指定管理者と競争させることも想定できよう。

（6）指定管理者制度導入施設数と指定の取り消し等

指定管理者制度の導入施設数は、総務省調査（2015［平成27］年）によると都道府県レベルは6,909施設、指定都市は7,912施設、市区町村は61,967施設であり、合計76,788施設にのぼる。このうち、指定の取り消しは696施設、業務の停止は47施設、指定管理のとりやめは1,565施設であり、2,308施設が指定の取り消し等に該当する。これは前回調査より、107施設減っているものの、2,000施設台で推移しており、決して少ない数でない。

第4節
自治体と民間との連携（窓口業務を中心）
―市場化テスト―

1 事務量増加と自治体の民間連携

　地方分権改革とともに制度改革が同時に進行した社会保障分野は、基礎自治体の業務量が増える傾向にある。例えば、第2次一括法により未熟児の訪問指導が市町村まで権限移譲されたのをはじめ、介護分野では2015（平成27）年度からは症状の軽い「要支援者」への予防サービスの一部が市町村に移譲された。また、全国一律に料金を定めたデイサービスも市町村の単独事業になることなど基礎自治体の事務量は増加する傾向にある。このような中で、自治体は、増加する業務量と財政負担を削減するとともに、市民サービス向上のために民間との連携を検討する必要がある[注1]。民間との連携については、個別の業務委託、指定管理者制度、PFI（Private Finance Initiative）、コンセッション方式などもあるが、本稿では、競争の導入による公共サービスの改革に関する法律（＝「公共サービス改革法」）に関連する公共サービスの提供を中心に分析する。

2 公共サービス改革法に基づく市場化テスト

　行政処分を伴う窓口業務は、公証行為など市町村長の名前において実施する業務もあり、市町村職員自らが責任をもって行うべきとされているため、基本的には、民間委託できないとされてきた。2006（平成18）年制定された公共サービス改革法は、市場化テストの対象となる「特定公共サービス」（同法第34条[※]）として、官署内に市町村職員が常駐しない出張所・支所を想定し、自治体が窓口業務を委託しようとする業務（書類の交付請求の受付及びその引渡し）を現在は5業務規定している。①**戸籍法に基づく戸籍謄本等**、②**地方税法に基づく納税証明書**、③**住民基本台帳法に基づく住民票の写し等**、④**住民基本台帳法に基づく戸籍の附表の写し**、⑤**印鑑登録証明書**である。

※（第34条第1項）「地方公共団体は、実施方針を作成し、かつ、官民競争入札実施要項又は民間競争入札実施要項を定めた場合には、次に掲げる当該地方公共団体の業務を、官民競争入札又は民間競争入札の対象とすることができる」

当初は6業務であったが、住民基本台帳法の改正により外国人登録法に基づく登録原票の写し等の1業務は削除された。

公共サービス改革法に基づく官民競争入札又は民間入札を実施して民間事業者に委託した場合は、その民間事業者は、秘密保持義務が課されるとともに、「みなし公務員規定」などが適用され、刑法等の罰則が適用される。この公共サービス改革法に基づく自治体の市場化テストは、守谷市（茨城県）、神河町（兵庫県）、丸森町（宮城県）、由仁町（北海道）、南牧村（長野県）の5事例（2014年4月30日現在）のみにとどまっている[注2]。これは、窓口業務の多くは臨時職員、非常勤公務員で行われており、財政負担の削減につながる市場化テストの効果が小さいと考えたためであろう。

3　民間事業者による窓口業務の拡大

「公共サービス改革基本方針」が2007（平成19）年12月24日に改正され、窓口関連業務24事項について、「官民競争入札、民間競争入札等により民間事業者に委託することが可能な業務の範囲、民間委託を実施する際の留意事項等について、官民競争入札等監理委員会と連携しつつ、平成19年度中に地方公共団体に通知する」とされた。その後、2008年1月17日に内閣府公共サービス改革推進室から通知が出された[注3]。

これらについては、市町村の適切な管理の下、市町村の判断に基づき、官民競争入札又は民間競争入札等により民間事業者に取り扱わせることが可能であるとされた。この24事項には、国民健康保険関係、介護保険関係などの社会保障関係の業務なども含まれている。その後、窓口業務の範囲等について関係省の見解が示され、現行法において民間事業者に取り扱わせることができる事実上の行為又は補助的業務に該当する業務が対象となることで整理されている[注4]。

4　国民健康保険業務の民間委託

東京都足立区では、戸籍住民課や国民健康保険課などの窓口業務を民間委託している（2016年8月25日現在）[注5]。国民健康保険課が委託する業務の内容は、区内に住む被保険者の保険料計算、徴収、病院や薬局で支払った金額の一部を戻す高額療養費の還付など公権力の行使のための準備行為や補助行為であ

る。保険料滞納の調査や財産の差し押さえのような強制的な公権力の行使に関わるような業務は除かれている。国保業務は、約100人の職員が担当しており、そのうちの約40人が臨時職員及び非常勤公務員である。区は、民間委託の効果としては、1～2割の経費の節減につながる一方で、繁閑期の流動的な人事異動が可能になることで柔軟な組織運営が可能になる上、窓口待ち時間の短縮等市民へのサービス向上につながることを見込んでいる。また、新たな喫緊の課題（子どもの貧困対策、地域包括ケアシステム［住み慣れた地域で最期まで生活できるように支援する体制］の構築等）に人員や財源を重点配分するとしている。

今後の課題としては、国民健康保険料の額の決定や滞納処分、財産差し押さえなど公権力の行使にあたる部分と保険料計算、徴収、高額療養費の還付など公権力の行使にあたらない部分の境界をいかに詳細に定めるかである。また、業務を分割して行っても、受託費と「直営」人件費を合わせた経費が、従前の経費を上回る「分割損」が発生しないようにしなければならない。

さらに、今回、民間事業者の選定にあたっては、調達条件などを決定するために**民間事業者から必要な情報を集めるRFI**（Requset For Informattion）を行い、**委託に必要な業務内容が記載されているRFP**（Request For Proposal）を作成した。その後、民間事業者からの提案を公募し、書類選考、プレゼンテーションなどの選考手続を経て民間事業者を選定した。このような選定手続を一定期間（5年間）ごとに行う必要があるために、選定のための経費のみならず時間的・事務的コストを考慮しなければならない。

そして、今回の受託先は㈱NTTデータであるが、再委託先は人材派遣会社である。公共サービス改革法の市場化テストの場合は、秘密保持義務が課されており、罰則もある。しかし、今回の場合、通知による対応であるため、個人情報の遵守のための誓約書を提出させることで対応することになるが、このような対応で十分といえるかどうか今後検討を要する。

さらに、国の制度改正に伴う職務内容の変化が大きい社会保障関係業務においては、受託者たる民間事業者がシステム開発で法令改正などに対応してきた経験があるとはいえ、社員の人材育成・研修を含め、国の制度改正にいかに適切に対応していくかが鍵になるといえよう。

以上のような課題はあるものの、定型業務を外部化することで、給与、賃金の水準を維持しつつ、常勤公務員と臨時職員・非常勤職員の業務分担を明確に分けて、常勤公務員を専門的な非定型業務（政策立案、滞納整理等）に純化さ

せることができれば、市民サービスの向上のため、より良い公共サービス提供手法の1つになる可能性がある。

5　地方独立行政法人法の改正

　地方独立行政法人法（2003［平成15］年制定）は、自治体とは別の法人格を持つ法人を設立し、自治体が直接行っている業務を担わせる仕組みである。対象業務が自治体から切り離されることから、移管されうる業務内容は、一定のまとまりのある事業（試験研究機関、公立大学等）がこれまで導入されてきた（第1章第2節参照）。公共サービス改革法が制定され、窓口業務を民間委託することが可能になった。しかしながら、窓口業務であっても審査や交付決定は「公権力の行使」にあたり民間委託が禁止されており、自治体職員と民間職員の役割分担が煩雑化し、2014（平成26）年には、東京都足立区が東京都労働局から是正指導を受けた。今後、法改正され、地方独立行政法人の対象業務に戸籍謄本や住民票の発行などの窓口業務が追加されることで、全ての業務が委託可能になり、この問題はクリアされる。さらに、地方独立行政法人への業務委託を設立自治体だけに限らずに、生活圏などを共有する周辺自治体も運営交付金を負担すれば窓口サービス提供できる自治体間連携を可能にする点も国は検討している。

注1)　岩﨑 忠『自治体の公共政策』学陽書房、2014年、pp.30-31参照
注2)　5自治体の事例については、伊藤久雄「市場化テストの動向と課題」武藤博己編『公共サービス改革の本質』敬文堂、2014年、pp.204-245が詳しい。
注3)　「市町村の出張所・連絡所等における窓口業務に関する官民競争入札又は民間競争入札等により民間事業者に委託することが可能な業務の範囲等について」
　　　（平成20年1月17日内閣府公共サービス改革推進室　事務連絡）
注4)　「国民健康保険関係の各種届出書・申請書の受付及び被保険者証等の交付業務の民間委託に関する留意事項について」
　　　（平成21年12月28日厚生労働省保健局国民健康保険課長通知[保国発1228第1号]）
注5)　東京都足立区では介護保険業務・会計事務等についても民間委託を進めている。

第5節

環境の変化に柔軟に対応できる自治体組織

―事業本部制の挑戦―

　佐賀県の事業本部制を例にして、従来の組織との比較しながら、外部環境の変化に柔軟に対応する政策主導の組織形態について考察することにしたい[注1]。

1 佐賀県事業本部制の挑戦

　佐賀県では、一般的な自治体の組織と同様に、人事権と財政権を持っている総務部門(内部管理部門)中心の組織形態であった。

　2004(平成16)年4月に、民間企業のような事業部門中心の組織形態をめざし、現場重視、成果主義の考え方を導入し、事業部門を中心として、企画部門(統括部門)と総務部門(経営支援本部)が支えていく事業本部制に組織を改編した(**図表1-8**)。

　具体的には、従来は、総務部、企画部、厚生部(環境生活局)、経済部、農政部(水産林務局)、土木部であった組織を、統括本部、くらし環境本部、健康福祉本部、農林水産商工本部、県土づくり本部、経営支援本部の6本部に組織改編を行った[注2]。

　そして、総務部門が有していた人事権と財政権を各本部の中に企画・経営グループを設置して、分散させた。例えば、予算の枠配分については、対前年度予算にシーリング(限度額)をかけたり、各事業本部の事業の重点度合を考慮して、統括本部と経営支援本部が協議して案(配分の見直し案)を作り知事に提出する。その後、予算の枠配分と定数配分については知事が出席する幹部会議で配分方針を決め本部ごとに枠配分を行うことにした。各本部では、企画・経営グループを中心に予算編成・定数配分・職員配置を行うことになった。

　このように事業実施に対する裁量の幅が大きくなった。つまり、各本部の戦略と判断で優先順位を決めて、事業を実行することができ、与えられた経営資源の範囲であれば、本部の判断で集中投資を行うことができる。具体的には、

図表1-8 佐賀県における組織改編（2004年4月）

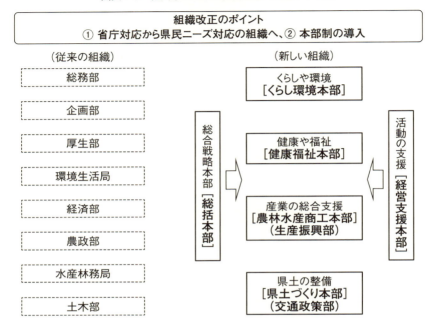

〔出典〕「佐賀県庁経営改革の歩み（内部マネジメント編）」2010（平成22年9月、佐賀県統括本部政策監グループ編、p.6を、一部修正）

　年度途中で新たな課題が出現すれば、各本部とも特定の事業グループの人数を増やすために他のグループから職員を移動配置することができるのである。予算の執行にあたっても、事業の進捗に応じて予算の流用や予算の翌年度への繰り越しが自由になった。

　また、主要な新規事業・継続事業については、見直し・評価を行ったあとで、事業本部自身が一次評価を行い、予算の配分前に知事と幹部による施策評価会議により評価を行うことになった。このように、佐賀県の事業本部制は、知事が各事業本部長に対して指示する。そして、事業実施にあたっては、知事が事業本部長とのやり取りなどを通じて、知事自らの意向とずれがないか常にチェックを行っている。まさに、事業本部に一定の裁量を与えるボトムアップと、知事主導のトップダウンの両立を図るシステムともいうことができる。

2 統括事業課による調整

　複数の部局にまたがる事業については、統括本部・政策監グループが調整をするのではなく、統括責任課になった事業課が関係課との間の水平的調整を行うようになった。したがって、統括本部・政策監グループは、原則として関係所管課間の調整を行わない。政策に対する純粋な議論を行い、政策の方向性を事業部局に対してアドバイスすることに専念する。つまり、調整役というよりも政策立案に徹している。

　多くの自治体では、政策を取りまとめる課（政策調整課）が自ら調整役を行い、調整に労力を費やしてしまうため、純粋な政策議論に費やす時間が少ないため、十分な政策議論を行うことができていないのが現状である。この点を踏まえて、ホチキス課などと揶揄されることもある。しかし、佐賀県ではまさにこの課題を克服することに取り組んでいる。

3 一般的な自治体の意思決定過程（予算編成）

　また、一般的に、自治体の予算編成過程は、まずは、予算編成方針が各部局に通知されると、各部局は予算見積書を作成し、予算要求締切日まで財政課に提出する。その後、自治体の予算編成過程は、予算主任調整→課長調整→局部長審査→首長（知事）査定といった、総務部局中心の垂直的なボトムアップ型の調整が行われている。

　各部局は、予算主任と何度も調整をして必要な情報をまとめて、事業をやるかやらないか、やるならいくらかという視点を中心に論点を整理し、メリット／デメリットを記載したいくつかの案を作成する。そして、課長、局部長、首長が短い時間で判断できる資料を作成する。そして、課長調整後、局部長審査後、首長審査後それぞれの段階で出される十分に詰め切れていない課題を整理し、次の段階にのぞむかどうかを判断している。

　この一連の過程の中で、幹部職員から出される政策に対する意見は、その後の政策を立案・実施する場合の貴重な意見として役に立つこともあり、職員を育てるOJT（On the Job Training）の一つとして機能しているといえる。

　また、複数の部局にまたがる横並びの調整が必要な事業（団体・市町村補助金、使用料・手数料等）については、財政課の一括調整担当が、各部局担当の予算

図表1-9　自治体の予算編成（神奈川県の場合）

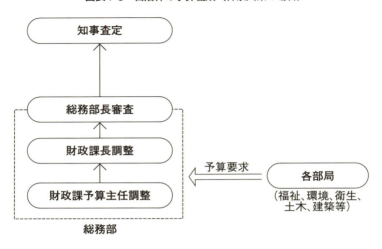

〔出典〕筆者作成

主任と調整しながら、予算案をとりまとめ、課長調整、局部長審査、首長査定の各団体で一括調整を行っている。この調整は、水平的かつボトムアップ型の予算編成ということができる。

　このように自治体の予算編成過程は、垂直的だけでなく水平的な調整を行いながらボトムアップ型の意思決定を行っている[注3]。

　また、全庁レベルで、職員全員が予算編成作業という同じ作業を同時期に行うことで、予算編成に対する忠誠心を職員に持たせ、総務部局の権威による支配を正当化させているということが可能であろう。

4　佐賀県事業本部制の特徴と課題

　佐賀県では、事業課がやりたいといっても総務部長が承認しないと知事にも上がらないといった総務部局主導の行政スタイルを事業部局主導の自治体スタイルに変えたことにより政策主義型組織になり、時間的コスト、人件費（残業代）面でのコストを削減でき、非常に大きな成果を挙げている。

　一方で、マイナス面もある。従来から、県全体を総務部長がみて、細かな事業まで指揮してきたが、従来の総務部長がいない事業本部制は事業の細部まで

自治体全体を見ている人はいない。つまり、水平的な調整が困難になっており、各事業本部間で類似事業が生じる可能性もある。また、従来のような予算の積み上げ方式により段階的な調整を行わず、知事のトップダウンの意向により予算化される傾向が強い。このため、職員一人ひとりが事業を苦労して検討しないため、職員が悩まず、「考える」ことをせずに上司の指示のまま予算化される可能性がある。

　担当者が予算案を作成し、積み上げて予算額を決定していく過程の中で、職員のOJTとして人材育成を行ってきた予算編成過程がなくなり、人材が育成されない可能性もある。今後、従来型の財政課の査定ができなくなることや従来型の積み上げ方式の組織に戻れないのではないかと危惧する声もある。従来から行われてきた積み上げ方式によるOJT・実践研修に代わる職員の人材育成が重要であろう。

　このような課題はあるものの、政策主導、事業部門中心とした、外部環境の変化に柔軟に対応できる組織形態の一つとして事業本部制に期待したい。

注1)「佐賀県庁経営改革の歩み（内部マネジメント編）」平成26年12月改定（佐賀県）統轄本部政策監グループ、http://www.pref.saga.lg.jp/kiji00319531/index.html
注2) 松井望氏は、「個別のサービスや事業を行ううえで、環境の変化に柔軟に対応するためには事業部組織に利点がある」とする（松井望「組織・権限と機構管理」柴田直子・松井望編著『地方自治論入門』ミネルヴァ書房、2012年、p.179
注3) 岩﨑忠『自治体の公共政策』学陽書房、2013年、pp.40-43、pp.134-137

第6節 自治体財政と財政改革

1 自治体財政の概要

　自治体は、地域的な課題を解決するために自主的に政策を企画し、実施している事業（路上喫煙防止やペット霊園規制等）にとどまらず、生活保護等社会保障関連事業などで法令によって義務付けられている様々な事務事業も実施している。

　自治体財政については、国と地方の事業実施の分担及び経費負担のルールに基づいて、必要な財源を配分している。国と地方が負担している経費の割合は、おおむね２：３となっており、また、行政活動を行うための財源の大部分は税金であることから、経費自己負担原則からすれば最初から自治体の経費に見合った税源が配分されることが望ましい。

　しかし、自治体の中には税源が豊富な財政力の強い団体もあれば、税源に乏しく財政力の乏しい団体もあり税源が偏在しているので、何らかの調整を行わないと自治体間の行政水準に相当の格差を生じてしまう。

　そこで、国税の割合を多くし、いったん国税として収入した後、次ページの**図表1-10**のように、地方交付税、国庫支出金、地方譲与税などにして配分することで自治体の歳出の実質に見合うように調整している。財政調整制度である。

　つまり、自治体が裁量的に必要な財政資金を調達する「歳入の自治」は実質的に制約されている。言い換えれば国が十分な財源を確保しない場合は、破綻する可能性もあり、国は、毎年度、地方財政計画（翌年度の地方団体の歳入歳出の見込み額）を策定し、地方財政全体の財政確保の機能を担っている。地方財政計画は、地方財政全体での財源確保のために策定される単年度計画である。毎年12月ごろに国の予算編成と並行して、地方財政の見通しを関する調整を行い、国の予算決定と合わせて、地方財政の収支を保つように必要な地方財政対策を決定する。その後、１月から３月にかけて、地方財政計画が策定される。地方財政計画の機能としては、①自治体全体の財政保障、②国・自治体の施策の整合性確保、③個々の自治体の財政運営のための指標をあげることができる。

2 自治体の歳入・歳出の分類

　自治体の歳入は、国との関係で自主財源か、依存財源か、使途との関係で一般財源か、特定財源かに分類できる。

　自主財源は地方税など自治体が調達するもので、依存財源は地方交付税・国庫支出金など国から自治体に移転される財源である。地方債もかつては許可制であったため、依存財源と整理されることは一般的であった。一般財源とは地方税・地方交付税など特定の使途がきめられておらず、特定財源は補助金・地方債など使途が決められている。

　自治体の歳出は、性質別経費、目的別経費、義務的経費・政策的経費、経常経費・投資経費などの分類がある。高齢化社会が一層進展する今日、社会保障費、扶助費といった義務的経費の割合が増加し、自治体の自由な政策的経費が減少する。つまり、限られた財源、人員の中で自治体経営が求められるので、政策の優先順位を明確にして、取り組むべきであろう。

図表1-10　財源と税の配分

	自主財源	依存財源
一般財源	地方税	地方交付税 地方譲与税 地方消費税交付金
特定財源	使用料、手数料、分担金、負担金 地方債 （協議制）　←	国庫支出金 地方債 （許可制）

〔出典〕筆者作成

3 自治体の歳入構造

　自治体は、地域での課題解決のために自主的に事業を実施するだけでなく、法令で様々な事業を実施するように義務付けられている。これらには財源が必要であり、住民が負担する地方税だけでは不十分なため、①住民の世代間調整のための地方債、②国や他の自治体との間の垂直的・水平的な調整のための地方交付税、③自治体が特定の事業のために実施する国庫支出金、といった財政調整制度がある。

(1) 地方税

　地方税は、自治体の収入の大宗をなすべき歳入であり、道府県税と市町村税に分けられ、それぞれが、普通税と目的税に分けられる。普通税はその収入の使途を特定せず一般経費に充てられるために課される税であり、目的税は特定の事業の経費に充てるために課される税である。地方税法に定めるもの以外に、自治体が一定の手続や要件に従い課す法定外普通税と法定外目的税がある。

　地方税として、独立税と付加税という区分がある。独立税とは国税とは別に独自に課税する。付加税とは、同じ課税標準に対して複数の課税団体が課する税をいう。たとえば、国の課する所得税の課税標準と同じ課税標準に対して地方住民税が課されるから、地方住民税は国の所得税の付加税といえる。市町村税には独立税としての固定資産税が存在するが、道府県税には基幹税として独立税は存在しない。

　これらの事業を実施するために、財源が必要であり、地方財政法第9条[※]によると、原則は、自治体が全額負担するというのが経費自己負担原則である。

図表1-11　普通税と目的税

	普通税	目的税
道府県民税	道府県民税、事業税、地方消費税、不動産取得税、道府県たばこ税、ゴルフ場利用税、自動車取得税、軽油取引税、自動車税、鉱区税、道府県法定外普通税	狩猟税、水利地益税、都道府県法定外目的税
市町村民税	市町村民税、固定資産税、軽自動車税、市町村たばこ税、鉱産税、特別都市保有税、市町村法定外普通税	入湯税、事業所税、都市計画税、水利地益税、共同施設税、宅地開発税、国民健康保険税、市町村法定外目的税

〔出典〕総務省資料より筆者作成

図表1-12　独立税と付加税

	独立税	付加税
道府県税		住民税、地方消費税、事業税
市町村税	固定資産税	住民税

〔出典〕神野・小西、2014年、p.48

[※]　「地方公共団体の事務（中略）を行うために要する経費については、当該地方公共団体が全額これを負担する」

ただし、住民の負担する地方税だけでは十分でないために、いくつかの例外が設けられている。住民の世代間を調整するための地方債、国や他の自治体との垂直的・水平的な調整のための地方交付税、自治体が実施する特定の事業のための国庫支出金といった地方財政に関わる制度である。このような自治体活動を支えるのが地方財政制度である。

（2）地方譲与税

地方譲与税は、国税として徴収され、一定の基準によって自治体に譲与されるものである。地方譲与税は、自治体が直接徴収するものでない点で地方税とは異なり、使途が包括的であるが、特定されていること、財政調整の観点から配分方法が採られていない点で地方交付税とは異なる。例えば、地方揮発油譲与税、石油ガス譲与税、自動車重量譲与税、特別とん譲与税、地方法人特別譲与税がある。

（3）地方交付税

地方交付税は、自治体間における地方税収入の偏在を是正し（財源調整機能）、自治体全体の及び個別自治体の財源を保障する（財源保障機能）の役割を担っている。

地方交付税の総額は、国税のうち5税（所得税、酒税のそれぞれ32％、法人税の34％、消費税の29.5％、たばこ税の25％）の合計額である。

地方交付税は、使途の制限がなく、自治体が自由に使える一般財源であり、使途目的が限定される国庫支出金と異なる点である。

地方交付税には普通交付税と特別交付税がある。普通交付税は、使途の制限がなく、自治体が自由に使える一般財源で交付税額の96％を占める。「客観的」な指標と全国画一的な算定式によって「全国標準的」な行政を行うのに必要な財源量を算定する一般財源（基準財政需要額）と（各自治体における標準的な地方税収入の額×算入率［75％］＋地方譲与税等の収入額［基準財政収入額］）を計算し、基準財政需要額が基準財政収入額を超える場合、この額に見合う金額が交付される。

特別交付税は、普通交付税の補完的機能を果たすものであり、交付税総額の4％にあたる。普通交付税算定後に算定に反映されなかった具体的な事情を考慮し、交付されるものである。

（4）国庫支出金

国庫支出金とは、特定の事務事業の財源として、一定の条件をつけて国から

自治体に交付する特定財源のことで、資金の性格に応じて、**国庫負担金、委託費等、国庫補助金**の3つに分かれる。

　国庫負担金とは、義務教育費や生活保護などに要する経常的国庫負担金や道路や河川等の整備に関する公共事業国庫負担金、災害救助・復旧等に要する災害国庫負担金など、国・自治体の双方に密接な関係があり、両者が共同責任を持つ事務を自治体が実施する場合、国が義務的に経費の全部又は一部を負担する資金である。この国庫負担金は、交付のルールが法令によって規定されているのが特徴である。

　委託費等とは、国勢調査や衆議院議員選挙など、専ら国の利害に関係する事務で、事務効率の点から自治体が委託を受けて実施する事務である。この事務に要する経費の全額は国が交付する。

　国庫補助金とは、国がその施策を行うために特別な必要があると認めるとき又は、自治体の財政上、特別な必要があると認めるときに限り、自治体に対して交付できる経費である。これらの交付基準は不明確で、国の都合によって交付・不交付が左右され、自治体の自主的な・主体的な行財政運営を阻害するとか、国と自治体の間の責任が不明瞭といった弊害が指摘されている。

　一方で、自治体は自主財源が乏しいため、条件が悪くても補助金を求めざるを得ない構造に追い込まれている。とりわけ、国が使途を定めるいわゆる「ひもつき補助金」は、自治体が、自治体の意向よりも補助金のつく事業を優先させようとするため、国の省庁の意向に従う陳情政治や利益誘導政治を促進させ、自治体運営を阻害する傾向にあるといえよう。

　一連の地方分権改革の流れの中で、国の裁量が大きかった個別の国庫補助金の廃止を目指した「三位一体の改革」では、国庫負担金が対象となり、国の負担率の引き下げ（2分の1から3分の1へ）に教育関係者の非正規公務員化を進めてしまう結果になった。現在も国庫支出金の交付に係る関与が続いている。これらを踏まえ、2011年に民主党政権は、自治体の自由度を高める一括交付金化（地域自主戦略交付金）を実現したが、補助金全体のごく一部にすぎず、2012年に自公政権になると廃止された。

　このように財政改革は、官僚の抵抗にあい、いばらの道が続いている。

(5) 地方債

　地方債とは、自治体が必要な財源を調達するための「借金」のことであり、その履行が一会計年度を越えて行われる点が、一時的に借り入れする年度内に

返済する「一時借入金」と異なる。また、地方債は、法律に定める場合に予算の定めるところ（その目的、限度額、起債の方法、利率、償還方法）より発行（起債）することができる。

地方財政法5条は、自治体の歳出は、「地方債以外の歳入をもってその財源にしなければならない」と規定している。ただし、例外として、以下の経費に関する発行を認めている。

①公営企業（交通事業、水道事業等）に要する経費の財源
②出資金及び貸付金の財源とする場合
③地方債の借換えのために要する経費の財源とする場合
④災害復旧事業費、災害応急事業費、災害救助事業費を財源とする場合
⑤特定の公共施設、公用施設の建設事業費等の財源とする場合

これ以外にも、例外的な起債として法律で定められた臨時財政対策債（地方交付税で国が手当できなかった不足財源を資金調達する2001（平成13）年度から発行が認められた地方債）、退職手当債、過疎対策債などがある。

また、地方債の発行は許可制であったが、2006年度から協議制に移行され、2011年度からは、いわゆる「第2次一括法」により、財政状況の良い団体など一定の基準を満たす自治体は原則として、事前届出制（協議不要）が適用された。一方で、財政健全化法が適用される財政状況が悪い自治体には、許可制が適用されている。

(6) その他

その他の収入として、分担金、使用料、手数料、財産収入、寄付金などがある。

この中で、分担金、使用料、手数料は、受益者負担の観点から実際に利益を受けている者から徴収するものである。

分担金は、都道府県の行う建設事業に要する経費の一部を区市町村に負担させる場合など、特定の人々または特定の地域に対して、利益を与える道路事業、海岸事業など事業を行うとき、その事業に要する費用に充てるため、その事業によって特に利益を受ける者から、その受益の限度において、分担金を徴収することができる。

使用料は、自治体は、公の施設を利用する場合や、行政財産の目的外使用する場合、許可を与えて使用させる場合、使用料を徴収することになる。使用料は、条例で定めなければならない。また、公の施設も管理を指定管理者に行わせている場合は、指定管理者の収入として利用料金を直接収受することができ

る。指定管理者が管理する場合は、使用料を徴収するか、利用料金を徴収するかは、自治体の判断に任されている。利用料金は、公益上の必要がある場合を除き、条例で定めることになっており、指定管理者の直接収入になるので、私法上の債権である。

手数料は、印鑑証明書の発行、廃棄物書類法に基づく廃棄物収集運搬業の許可申請に基づく審査料などのように特定の者のためにする事務につき自治体が徴収することができる。手数料については、条例で定めなければならないが、全国的に統一的に定めることができることが特に必要と認められる手数料の額は、「地方公共団体の手数料の標準に関する政令（＝手数料標準令）」で定められている。また、自治体が、全国統一的な事務と類似業務について手数料を徴収する場合は、手数料標準令を参考にすることもある。

4　自治体の歳出の構造

(1) 目的別分類
経費が行政活動の各分野にどのように配分されたかに着目した分類であり、「総務費」、「民生費」などの予算及び決算の「款・項」を基準とした区分である。農林水産業費や土木費が減少傾向にあり、民生費が上昇している。

(2) 性質別分類
経費の経済機能に着目した分類で、「人件費」、「公債費」、「投資的経費」などであり、投資的経費が減少傾向にある一方、義務的経費は上昇傾向にある。

5　自治体の健全化判断比率の公表

(1) 財政健全化法の制定
自治体の財政再建制度については、地方財政再建促進特別措置法による赤字の自治体に対する財政再建制度と地方公営企業法（1952年［昭和27］年法律第292号）による赤字企業に対する財政再建制度が設けられていたが、わかりやすい財政情報の開示や早期是正機能がない等の課題が指摘されたため、地方公共団体の財政の健全化に関する法律（＝財政健全化法）を制定した。

(2) 財政健全化法の概要
財政健全化法では、監査委員の審査や議会への報告・住民への公表等を義務

づけて情報開示を徹底している。また、早期健全化基準を設け、基準以上となった自治体には財政健全化計画の策定を義務づけて自主的な改善努力を促すことにしている。

また、フローだけでなくストックにも着目し、公営企業や第三セクターの会計も対象とする新たな指標を導入するなど、自治体財政の全体像を明らかにする制度となっている。

(3) 健全化・再生判断比率

① 実質赤字比率：一般会計等の実質赤字額／標準財政規模
② 連結実質赤字比率：連結実質赤字額／標準財政規模
③ 実質公債費比率：自治体における公債費による財政負担の度合いを判断する指標。起債に協議を要する自治体と許可を要する自治体の判断にも用いられる。

$$\frac{\{(地方債の元利償還金＋準元利償還金)－(特定財源＋元利償還金・準元利償還金に係る基準財政需要額算入額)\}}{標準財政規模－(元利償還金・準元利償還金に係る基準財政需要額算入額)}$$

④ 将来負担比率：

$$\frac{\{(将来負担額)－(充当可能基金額＋特定財源見込額＋地方債現在高等に係る基準財政需要額算入見込み額)\}}{標準財政規模－(元利償還金・準元利償還金に係る基準財政需要額算入額)}$$

(4) 財政健全化計画と財政再生計画

図表1-13 早期健全化基準と財政再生基準

早期健全化基準	早期健全化基準	財政再生基準
実質赤字比率	都　　　：別途設定 道府県　：3.75% 市区町村：財政規模に応じて 　　　　　11.25%〜15%	都　　　：別途設定 道府県　：5% 市区町村：20%
連結実質赤字比率	都　　　：別途設定 道府県　：8.75% 市区町村：財政規模に応じて 　　　　　16.25%〜20%	都　　　：別途設定 道府県　：15% 市区町村：30%
実質公債費比率	都道府県、市区町村：25%	都道府県、市区町村：35%
将来負担比率	都道府県、政令市：400% 市区町村：350%	―
資金不足比率	(経営健全化基準)：20%	―

〔出典〕総務省資料より筆者作成

自治体は、健全化判断比率（実質赤字比率、連結実質赤字比率、実質公債費比率、将来負担比率）のいずれかが早期健全化基準以上である場合には、当該健全化判断比率を公表した年度の末日までに、「財政健全化計画」を定めなければならない。

また、再生判断比率（実質赤字比率、連結実質赤字比率、実質公債費比率）のいずれかが財政再生基準以上である場合には、当該再生判断比率を公表した年度の末日までに、「財政再生計画」を定めなければならない。

(5) その他の財政力判断指標

住民が簡易に判断する指標として、財政力指数と経常収支比率がある。

財政力指数とは、自治体の財政力を示す指数で、基準財政収入額を基準財政需要額で除して得た数値の過去3年間の平均値である。指数が高いほど、算定上、普通交付税の留保額が大きいこととなり、財源に余裕があることになる。財政力指数が1を下回れば地方交付税が交付され、1を上回れば交付されない。

経常収支比率とは、自治体の財政構造の弾力性を判断するための指標で、人件費、扶助費、公債費のように毎年度経常的に支出される経費に充当された一般財源の額（経常経費充当一般財源）が、地方税、普通地方交付税を中心とする毎年度経常的に収入する一般財源（経常一般財源）、減収補てん債及び臨時財政対策債の合計に占める割合をいう。一般財源収入が経常的経費にどの程度充当されているかを見るもので、比率が高いほど（75〜80％を超えると財政の弾力性を欠くとされ）財政構造は硬直化していることになる。

第7節

政策実施のための自治体間連携

　第1次分権改革は、都道府県と市町村の関係を「対等・協力の関係」にすることを一つの成果とした。その一例として、条例による事務処理特例制度がある。これは、地域の実情を踏まえて双方の協議に基づいて、都道府県から市町村への権限移譲を行うものである。多くの自治体では、この条例による事務処理特例制度に基づき、都道府県から市町村への権限移譲は行われた。

　こうした状況を背景に、地方分権改革推進委員会が出した「中間的取りまとめ（2007［平成19］年11月16日）」では、（事務処理特例条例によって）ほとんどの市町村に移譲されているから、すべての市町村の事務として位置づけられるべきという考え方により、「複数の都道府県において、小規模な市町村も含め移譲がなされている事務は相当数に及んでいる。このような事務は、いずれの地域にとっても、本来市町村の事務として位置付けられるべきものと考えられ、基礎自治体優先の原則にもとづき、市町村の事務として法令上制度化することを検討する必要がある」と示されたのである。

　そして、この考え方は、第1次勧告として具体化し、第2次一括法及び第3次一括法として、都道府県から市町村への権限移譲を行うことになった。このような法律による権限移譲は、個々の市町村の実情を考慮していない一方的な権限移譲のため、移譲を望まない、もしくは事情があって移譲できなかった市町村に権限移譲されてしまうことになったのである。

　こうした状況に対応するため、単独で対応できない市町村は、次のページで示したような広域連携の仕組みと運用のうち、機関等の共同設置、事務・委託を使って、垂直的連携と水平的連携が行うことで、実施不能となるのを避け、なんとかうまく対応してきた（**図表1-14**）。

図表1-14　広域連携の仕組みと運用について

	共同処理制度	制度の概要	運用状況（H26.7.1現在）
法人の設立を要しない簡便な仕組み	連携協約	地方公共団体が、連携して事務を処理するに当たっての基本的な方針及び役割分担を定めるための制度。	※地方自治法の一部を改正する法律（平成26年法律第42号、平成26年11月1日施行）により創設。
	協議会	地方公共団体が、共同して管理執行、連絡調整、計画作成を行うための制度。	○設置件数：210件 ○主な事務：消防38件（18.1％）、広域行政計画等29件（13.8％）、視聴覚教育22件（10.5％）
	機関等の共同設置	地方公共団体の委員会又は委員、行政機関、長の内部組織等を複数の地方公共団体が共同で設置する制度。	○設置件数：416件 ○主な事務：介護区分認定審査129件（31.0％）、公平委員会115件（27.6％）、障害区分認定審査105件（25.2％）
	事務の委託	地方公共団体の事務の一部の管理・執行を他の地方公共団体に委ねる制度。	○委託件数：5,979件 ○主な事務：住民票の写し等の交付1,341件（22.4％）、公平委員会1,143件（19.1％）、競艇856件（14.3％）
	事務の代替執行	地方公共団体の事務の一部の管理・執行を当該地方公共団体の名において他の地方公共団体に行わせる制度。	※地方自治法の一部を改正する法律（平成26年法律第42号、平成26年11月1日施行）により創設。
別法人の設立を要する仕組み	一部事務組合	地方公共団体が、その事務の一部を共同して処理するために設ける特別地方公共団体。	○設置件数：1,515件 ○主な事務：ごみ処理399件（26.3％）、し尿処理349件（23.0％）、消防276件（18.2％）、救急275件（18.2％）
	広域連合	地方公共団体が、広域にわたり処理することが適当であると認められる事務を処理するために設ける特別地方公共団体。国又は都道府県から直接に権限や事務の移譲を受けることができる。	○設置件数：115件 ○主な事務：後期高齢者医療51件（44.4％）、介護区分認定審査45件（39.1％）、障害区分認定審査30件（26.1％）

（注1）法人の設立については、特別地方公共団体の新設に係るものであり、総務大臣又は都道府県知事の許可を要するものとされている。
（注2）地方開発事業団、役場事務組合及び全部事務組合については、地方自治体の一部を改正する法律（平成23年法律第35号）により廃止。なお、同改正法の施行時（平成23年8月1日）に現に設けられている地方開発事業団（青森県新産業都市建設事業団）については、なお従前の例によることとされている。

〔出典〕総務省資料

1　自治体連携の制度

　自治体間連携について、地方自治法は、一部事務組合、広域連合といった別法人の成立を要する共同処理制度と法人の成立を要しない協議会、機関等の共同設置、事務の委託制度もある。さらに、2014年の地方自治法改正により連携協約制度と事務の代替執行制度といった契約による連携制度が設けられた。もちろん、業務委託や定住自立圏における協定は、地方自治法に規定された契約でない民事上の契約行為である。

2　垂直的連携

　第2次一括法により、東京都の24市（保健所政令市の八王子市と町田市を除く）は、東京都から水道法関連の事務（敷設工事の設計が施設基準に適合しているかどうかの確認など）が権限移譲されたが、この業務は専門性が高く、市が単独で行う場合は、新たに技術系職員を採用したり、施設整備をしなければならないため、大きな負担が生じることから、移譲された事務を東京都と事務の委託（地方自治法第252条の2※）を行うことで事務を返上した垂直連携の事例がある。このほか、高知県では「地域支援企画員」、京都府では「里の仕事人」という府県職員が市町村と連携しながら直接現場をバックアップしている。

　また、長野県では、長野市が中核市になり保健所権限をもつことで、県長野保健所管轄地区が虫食い・飛び地の状態になったことや長野市保健所が長野保健所管轄区域よりも規模（管内人口、面積、職員規模など）が大きくなった点を踏まえ、長野市が培ったノウハウを他に市町村にも活用し、専門職員の育成・確保、効率化、経済性、職員の負担軽減を図るため、組織の共同設置を行うことにした。

3　水平的連携

　大阪府内の4市町（池田市、箕面市、豊能町、能勢町）は、2011（平成23）年4月の地方自治法改正で可能になった「行政機関等の共同設置」を活用した共同事務センターを同年10月に設置した。これは、2009年に市町村へ特例市並みの権限移譲をすることを決めた4市町が対応を検討した結果、設置したの

※ 「普通地方公共団体は、（中略）他の普通地方公共団体の事務の処理に当たっての当該他の普通地方公共団体との連携を図るため、協議により、（中略）連携して事務を処理するに当たっての基本的な方針及び役割分担を定める協約（「連携協約」という。）を当該他の普通地方公共団体と締結することができる」

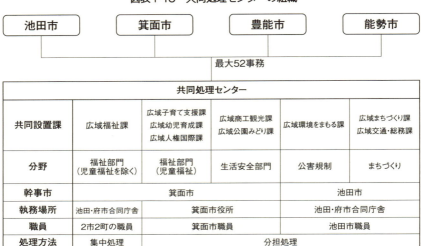

図表1-15　共同処理センターの組織

〔出典〕日本自治学会　第13回総会・研究会　レジュメより抜粋、一部改正

である。52事務を取扱うが、センターは1箇所にあるわけではない。事務処理は、幹事市の職員が既存事務と2市2町の事務を一緒に処理する「分担処理」と2市2町の職員が集まって2市2町の事務を専属的に処理する「集中処理」と2つの方法により行われている。集中処理は4市町の障害福祉サービス事業の指定、障害者手帳の交付等9事務のみを担当する広域福祉課だけであり、あとは分野別に幹事市が行っている（**図表1-15**）。

センター設置の効果としては、4市町が個別に52事務を実施する場合は25人の増員が必要となるところ、共同処理により11人増員で対応可能になったことで、経済効果は約1億2000万円にのぼる。また、手続の窓口が身近になり、障害者手帳の交付期間も短縮され、市民サービスは向上した。

今回の共同処理センター設置をきっかけとして、豊中市を加えた3市2町による教職員人事権の移譲や図書館の広域利用、消防通信指令業務の共同化などに発展してきている。

このように、行政機関の共同設置は、各自治体の主体性を維持しながら簡便に連携できる仕組みであり、今後、基礎自治体の水平的連携のモデルケースになるであろう。

4 2014年地方自治法改正による「連携協約」制度

2014（平成26）年地方自治法改正は、「人口減少・少子高齢社会においては、……市町村間の広域連携を一層促していくためには、現行の地方自治法で定める事務の共同処理の方式のほか、地方公共団体間における**柔軟な連携を可能とする仕組みを制度化すべき**である」という第30次地方制度調査会の答申（2013年）を踏まえた内容になっている。

具体的には、緩やかな水平的な広域連携の仕組みとして、「地方中枢拠点都市」を中心とした連携制度を新たに導入した。この制度は、市町村合併でもなければ、従来の協議会、一部事務組合のように別の共同処理組織を作るものでもない、より簡素で効率的な相互協力の仕組みとしている。連携も同一都道府県内におさまるか、複数都道府県にまたがるかどうかを含め、どのような連携にするかを地域に任せるのが特徴である。

また、地方自治法上に「連携協約」という新たな仕組みをつくり、実体面ではなく、手続面を規定することにした。特に、連携協約締結に際して、首長だけでなく議会による議決により、市民の意思を反映させ、その団体の意思表示として確定させた点は注目すべきであろう。さらに、連携協約に係る紛争があるときは、自治紛争処理委員が「処理方策」を提示することができるなど、従来の自治紛争処理制度における調停にさらに実効性を持たせた内容として設計されている。

一方で、市町村間の広域連携が困難な場合には、都道府県による垂直的連携として、「事務の代替執行」制度を創設した。この制度は、従来の事務委託制度とは異なり、市町村の名のもとで、都道府県が事務を執行することになるので、代理人たる都道府県に対する本人たる市町村（議会を含む）のチェックをいかに確保するかが課題になる。また、住民基本台帳や戸籍など本来市町村が行っている事務を対象とすべきではなく、広域的な視点が必要であるとか、高度な専門性を要するとか、都道府県に任せるにふさわしい事務が対象とされるべきであろう（詳細は、第3章第4節「行政契約の新たな展開」を参照されたい）。

5 今後の自治体間連携のあり方

このように、今後の政策実施主体は、従来のように単独自治体だけで考えるのではなく、水平的にせよ、垂直的にせよ、自治体が相互に協力しあいながら

政策を進めて行くことが重要である。このような自治体間の連携は、垂直的な連携も水平的な連携も、効率性、経済性という点でどちらも期待できる。

しかし、地方分権の成果を基礎自治体の自由度を拡大するだけではなく、市民にとって身近な基礎自治体の事務量を増やすことが大切であると考えると、垂直的な連携は、広域性・専門性を有する場合等に限定して対応されるべきであり、移譲された事務は、近接性に優れている水平的な連携で処理されることが原則となるべきであろう。

6 「リスケーリング」という考え方

首都大学東京の大杉覚教授は、「リスケーリング」という考え方を示している（大杉覚「「広域行政」の今」『政策法務Facilitator vol.50』第一法規、2016年、p.5）。

大杉覚教授によると、国と地方の政府間関係、すなわち、現在の国、都道府県、市町村の三層構成を、新たな次元を追加して四層構成にしたり、あるいは減らして二層構成にしたり、同じ三層でも権限等を付与・剥奪したりすることで変化させる改革が考えられるという。

つまり、合併や広域連携、分割などによって階層区分を再編することをリスケーリング（rescaling）と呼んでいる。リスケーリングは、規模を適正にする、ものさしを改めるという言葉である。

英国では、中核都市（コアシティ）と周辺都市圏で構成される都市地域圏（シティーリージョン[city region]：中心都市が周辺地域とともに圏域形成をする取組み）が政府と契約を締結し、権限移譲や規制緩和を進めることで、地域活性化を促進する「シティー・ディール（都市協定）」に取り組んでいる。これもリスケーリングの一例といえよう（詳しくは、岩﨑忠「英国における契約による権限移譲・規制緩和──シティー・ディール（都市協定）の挑戦」『自治総研（第425号）』地方自治総合研究所、2014年、pp.38-70）。

また、2014（平成26）年の地方自治法改正は、地方中枢拠点都市を中心にした自治体間が連携して、都市地域圏レベルの地方自治を目指すものであり、市町村がフルセットの行政を行わなければならないといわれてきた従来の総合行政主体論、すなわち、市町村による自己完結主義からの脱却とみることができる。そして、このような都市地域圏形成は、基礎的自治体との比較でいえば、より広域的な地域にあてて尺度を合わせるため、アップ・スケーリングといえよう。

第8節 二元代表制の現状と新たな展開

1 自治体の長と議会の特徴

　国は、内閣が、国会の信任によって成立し、国会に対して責任を負う「議院内閣制」である（日本国憲法第67条、68条）のに対し、自治体は、議事機関としての議会の議員と執行機関としての長を住民の直接選挙で選ぶこととしている（同第93条2項）。このような**「二元代表制」**を制度化している理由としては、①直接公選による住民意思の反映と民主的な政治行政の運営、②議会と長との相互牽制による均衡と調和（機関対立主義）、③議会から独立した長による計画的・効率的な行政運営を挙げることができ、自治体の長が直接選挙で選ばれ、住民に対して直接責任を負う首長制の側面と議会による不信任議決とこれに対する長の議会解散権という議院内閣制の側面を併せ持つ制度である。

　また、自治体の組織運営に関する事項は、地方自治の本旨に基づいて、法律で定めること（日本国憲法第92条）になっており、地方自治法により、自治体組織の枠組みを画一的に定め、詳細に規定（＝組織画一制）されているが、自治体環境を取り巻く環境の変化に対応して、自己組織権の観点から見直しを検討する必要がある。

2 長と議会の権限

（1）自治体の長と議会の牽制手段

　自治体の長は、議会招集権（地方自治法第101条第1項）、議案提出権（同第149条第1号）などが規定される一方で、議会には、議決権（同96条）、検査権・監査請求権（同98条）、調査権（同100条）、説明のための議会への出席請求権（同121条）、副知事・副市町村長・指定都市の総合区長の同意（同196条）などが用意されている。とりわけ、議会の招集権が自治体の長にあることや、議会の議決権の中には、国会の立法権限にない、契約締結、財産の取得・処分等個別

処分が含まれる点は特徴的である。

（2）自治体の議会が対立した場合の調整手段

①再議制度

再議制度とは、議会による修正案や議員提案による条例案が可決された場合で、長が議会の議決等が違法・不当であると認めるときにその是正又は再考を求め「再議」に付すことができる。再議制度には、長の執行可能な再議「一般的な拒否権に基づく再議」（地方自治法176条）と、長が行使することが義務づけられている「特別拒否権に基づく再議」（同177条）がある。

一般的な拒否権に基づく再議は、再議の結果、同じ議決であるときは、議決は確定する。なお、「議決が否決であった場合は、一般的な拒否権に基づく再議を付すことはできない」とされている（昭和25［1950］年6月8日地自行発第93号、昭和26年10月12日地自行発第319号）。また、特別拒否権に基づく再議には、越権・違法な議会の議決・選挙、義務費の削除減額議決、非常災害対策費・感染症予防費の削減減額議決が定められている。

②不信任議決と解散

長と議会が対立した場合の解決手段として、長に対する議会の不信任議決とこれに対する長の「議会解散権」が規定されているが、この制度が実施された場合は、長と議会の議員のいずれかが職を失うことになり、選挙が行われることになる。このため、議員は辞職を恐れて不信任議決を行うことに慎重になる傾向にある。

③ 専決処分

専決処分とは、本来は議会の権限である事項を、長が代わって処分することである。

地方自治法は、次のいずれに該当する場合に専決処分をすることができる（同第179条）。

 イ．議会が成立しないとき
 ロ．一定の要件の下で、特に緊急を開くことができないとき
 ハ．長において、特に緊急を要するため、議会を招集する時間的余裕がないことが明らかであるとき
 ニ．議会において議決すべき事件を議決しないとき

専決処分の根拠としてよく活用されるのは、「ハ」の場合であり、法令改正が年度末で、4月から施行が必要な税条例の改正などが代表例として挙げるこ

とができる。ただし、2014年7月に、鹿児島県阿久根市で副市長選任にあたり議会の同意を得ず、専決処分を行った経緯があり、副知事・副市長や指定都市の総合区長の選任の同意は専決処分の対象とすることができないものとされた（地方自治法第179条、ただし書）。長は、これらの専決処分を行った場合は議会に承認を得る必要があり、条例制定改廃と予算に関して否決された場合は、すみやかに「必要と認める措置」を講じなければならない。ここでいう「必要と認める措置」とは、条例改正や補正予算の議会への提出などが考えられる。

また、「軽易な事項で、議会の議決により特に指定したもの」を対象として専決処分を行うことができる（同第180条）。例えば、法令からの引用条項ずれ、地番変更等に起因する形式的な条例改正などを挙げることができる。但し、これらは議会への報告は求められるが、議会の承認までは必要ない。

④住民投票の活用

米国では、憲章制定、境界・議会の変更等が義務的に実施している州があるのに加え、一般財源保証債にかかる住民投票制度が導入されている州がある。この場合、州が起債限度額（資産税評価額の一定割合等）を課しており、それ以上を記載する場合は住民投票になる。また、ドイツでは、コンサートホールを建設するとか、ローカルな飛行場を創るといった公共施設を建設する際に住民投票を導入する場合がある　［斎藤誠「これからの地方自治を考える」『都道府県展望2001年4月号』全国知事会、2001年4月、pp.4-7］。

わが国も、かつて公の施設ではないが、重要財産・営造物の独占的な使用許可（1948年8月1日新設、1964年3月31日廃止）に対して住民投票制度が導入されていた。こうした後年度に負担を伴うものだけでなく、町村には町村総会制度のような制度が設けられていることを鑑み、長と議会が対立して手詰まりになる場合は、情報提供を十分に行い、地域全体で熟議した上で、住民投票を行い、住民の意思を確認することは大切であろう。

3　自治体の基本構造の見直しの方向性

(1) 見直しの方向性

自治体の基本構造（長と議会との関係）を見直す視点として、①議会が執行権限の行使に事前の段階から、より責任を持つようなあり方（融合型）を指向する考え方と②議会と執行機関それぞれの責任を明確化することで、純粋な二

元代表制の仕組み（分離型）を指向する考え方がある。

（2）融合型モデル（取締役会型）

融合型モデル（取締役会型）は、首長と議会との関係について、議院内閣制度の要素を強め、それぞれの権力の融合を目指したものということができる。具体的には、大阪府知事であった橋下徹氏から提案された「取締役会型・議会内閣モデル」を挙げることができる。このモデルは、イギリスの「直接公選首長と内閣（Mayor and Cabinet）」制度を参考にしたものである。首長が議会の推薦を受けた議員と外部人材・特別職職員を取締役会構成員として政治的任用するものである。この制度を導入するためには、議員の常勤職員兼職禁止規定（地方自治法第92条第2項）及び特別職公務員の任用制限（地方公務員法第3条第3項）を廃止する必要がある。かつて、市制・町村制制定時（1888［明治22］年）に市参事会制度があり、議員の中から参事会委員を選出し、議員が執行権に関わった例がある。最近では、2008年に町村議員を町部長級職員に任命するという愛知県一色町による構造改革特区の提案がなされた。

（3）純粋分離型モデル

純粋分離型モデルは、首長と議会が、執行機関と議事機関のそれぞれの役割を明確にし、より緊張関係をもった関係に再構築するといった首長と議会の権力分立・抑制均衡型を重視した二元代表制を純化したものである。議会は、条例、予算等の団体の基本的事項を決める意思決定機関としての役割を基本とするという観点から、執行機関の権限行使に事前に関与するものではなく、その行使については事後的に関与するものとし、必要に応じて、執行機関に対して検査権・調査権を行使することを基本とする。現行の二元代表制にある議院内閣制の要素（議会の首長不信任決議、長による議会解散制度など）をできるだけ取り除こうとするものであり、議会の機能を強化しようとする目的である。また、議会の政策形成機能強化という視点から予算編成・条例制定などに対する議会の関与を拡大することになる。この分離型モデルは、アメリカの「市長—議会（強市長［］）制」を参考にしていると考えられる。

（4） 基本構造の見直し可能性の選択肢

以上のような案以外にも、様々な案が地方行財政検討会議では議論されている（岩﨑、2012年、pp.191-248）を参考にされたい。

図表1-16 融合型モデル（取締役会型モデル）と分離型モデル

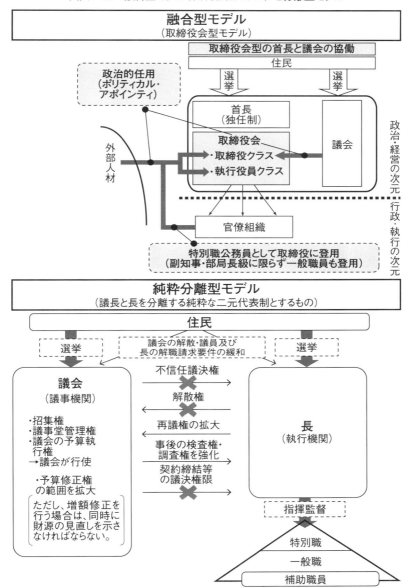

[出典] 第2回地域主権戦略会議 橋下構成員提出資料
http://www.cao.go.jp/bunken-suishin/ayumi/chiiki-shuken/doc/2shiryou11.pdf
2017年1月17日確認

第9節 自治体議会の制度と現実

1 議会の役割

日本国憲法は、議事機関としての議会を設置する旨を定めており（同第93条1項）、議員は住民が直接選挙する旨を定めている（同第93条2項）。町村においては、条例で議会を置かずに、選挙権を有する者による総会（町村総会）を設けることができる旨を定めている（地方自治法第14条、15条）。町村総会は、町村制（納税制限のある選挙）では神奈川県足柄下郡芦之湯村（現在の箱根町の一部）で、地方自治法制定後は、東京都宇都木村（現在の八丈町の一部）で過去に実施されたことがある。

2 議会の組織・運営

（1）本会議と委員会

議員定数の半数以上の議員が出席して開く。本会議によって意思決定する。議会内部において、議会の一部の構成員にもって組織される委員会によって、本会議の議決前に議会から付託された事件を審査する。委員会は、必置ではなく条例で設置することができ、委員会の必要事項も条例で定める（地方自治法第109条）。常任委員会、特別委員会、議会運営委員会がある。

（2）議会の招集

議会には定例会と臨時会がある（同第102条第1項）。定例会は、毎年、条例で定める回数招集される（同第102条第2項）。その時期は、一般に6月、9月、12月、3月である。臨時会は必要によって招集される（同第102条3項）。

議会の招集権権限は、原則、議長ではなく、長に属する（同第101条1項）。臨時会は、議長が議員運営委員会の議決を経て、または、議員定数の4分の1以上の議員が、長に対して会議に付すべき事件を示して招集を請求できる。20日以内に長が招集しないときは、議長が招集できる（同第101条第5項）。但し、付すべき事件は、議会側に提案権がある事件しか請求できない。

自治体によっては、定例会・臨時会に代えて「通年議会」を設定している。

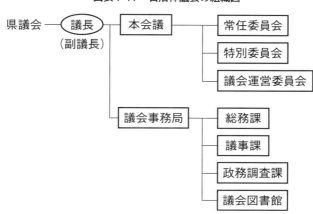

図表1-17　自治体議会の組織図

〔出典〕筆者作成

これは、条例に定めるところにより、毎年条例で定める日から翌年の当該日の前日までを会期とする（同第102条）。

（3）議会の会議運営

①会議公開の原則

3人以上の発議により、出席議員の3分の2以上多数で秘密会にすることができる（同第115条）。最判平成24年2月22日では、ひとり発議に基づき全員が異議なく秘密会を開くことを採決した場合に秘密会の成立と議会は無効でないとした事例があるが、法の趣旨を踏まえ、3人にすべきであろう。

②定足数の原則

議員定数の半数以上の議員（議長を含む）が出席しなければ、会議を開けない（同第113条）。現議員数が定足数に満たない場合は、補欠選挙をしなければ開会できない。定足数は、会議開会要件だけでなく、会議継続要件（議事要件）及び意思決定要件（議決要件）でもある。定足数を欠いた議決等は、無効または違法であるために、自治体の長は再議に付す必要がある（同第176条）。

③多数決の原則

議会の議事は、原則として、出席議員の過半数で決定する。議長は、議員として議決に加わることはできずに、可否同数の場合は、議長の決するところによる（同第116条）。

特別多数で決定する場合としては、通常の定足数（議員定数の過半数）によ

る出席議員の3分の2以上の多数など秘密会開催の議決（同第115条第1項）、議員の3分の2以上が出席し、4分の3以上の多数による長に対する不信任議決（同第178条第3項）などがある。

④会期不継続の原則

議会は、会期ごとに独立して活動を営むものであり、前後の会期は継続しないという考えである。従って、会期中に議決に至らなかった事件は、後会に継続しないので、必要に応じて、次回以降の会期で再提案する必要がある（同第119条）。なお、議会の委員会は付託された事件について、閉会中も審査でき、次の会期に継続して審議の上、議決できる（同第109条第8項）。

⑤一事不再議の原則

同一会期議決された事件については、議決の意思決定の安定性を図ることを目的にして、再び意思決定を行わないことを**「一事不再議の原則」**という。この原則は、議会という意思決定機関が二つの意思を表明することが混乱を招く恐れがあるとして好ましくないという考え方である。会期不継続の原則はあるものの、内容が全く同一で、同じメンバーにより異なる決定を行うことは極力避けるべきである。議案内容を十分検討し見直しを行うべきであろう。

なお、この例外として、長による再議制度（同第176条、177条）がある。

3 議員の身分

議員は、特別職の公務員である（地方公務員法第3条第3項第1号）。勤務条件などは、地方公務員法の適用を受けない（同第4条第2項）。定数は、条例で定める（地方自治法第90条第1項、第91条第1項）。

議員の任期は4年（同第93条）で、自治体は、議員に対し、議員報酬を支給しなければならない（同第203条第1項）。期末手当は支給できる（同条第3項）が、勤勉手当は、特別職公務員である議員には支給されない。議員の報酬は、日当制を採用している自治体もあり、職務を要する「費用の弁償」を受けることにしている。議員の報酬、期末手当、費用弁償の額や支給方法は条例で定める（同条第4項）。

4 政務活動費

地方自治法は、政務活動費について、以下のように規定している。
「地方公共団体は、議員の調査研究その他の活動に資するため必要な経費の一部として、会派又は議員に対し、政務活動費を交付することができる」
（地方自治法第100条14項、前段）
「政務活動費の交付の対象・額・交付の方法、政務活動費を充てることができる経費の範囲は、条例で定めなければならない」（同条同項、後段）
但し、政治活動や選挙活動などの経費は、その対象とすることができないとされているが、使い道が不透明なことにより、「第2の報酬」としても指摘されることもある。

政務活動費は、政務活動費の交付を受けた会派又は議員は、条例で定めるところにより、政務活動費に係る収入・支出の報告書を議長に提出するものとされている（同条第15項）。また、議長は、政務活動費の使途の透明性の確保に努めるもの（同条第16項）とされており、一般に支給は、事前に支給され、余った分を返還するという「前払い」方式が一般的であり、もらった分を使い切ろうとして、不正支出が散見される。

こうした中で、京都府京丹後市は「後払い」方式を採用する条例案を2015年2月に可決させた。この「後払い」方式は、市議が政務活動にかかった費用を自腹で負担し、領収書と活動内容などを記載した報告書を年度上半期（4月～9月）と下半期（10月～3月）に分けて議長に提出し、議長と議会事務局が内容を適正かどうかチェックする仕組みである。実際に、交通費を最安ルートとの差額分を減額したケースもある。議長から審査結果が送られてきた市長が金額を確定し、支給する制度である。このような「後払い」方式は、議会活動の透明性向上に資する制度として評価すべきであろう。

しかしながら、会派や無会派議員は政務活動費を立て替えて活動することになる点や年度をまたぐ政務活動費は、会計年度の問題から交付対象外になる点等の課題もあり、今後さらに検討をしたい。

5　議会の規律と議員の懲罰

（1）議会の規律

議長には、議場の秩序保持権があり（地方自治法第104条）、議場の秩序保持（同第129条）、会議の傍聴（同130条）、及び議員による議長の注意喚起（同131条）が定められている。

議場の秩序保持については、「会議中、議場が騒然として議長が整理することが困難な場合は、閉議に異議がある議員があっても、議長が職権で閉議できる」とする判例（最高裁判例、昭和33［1958］年2月4日）があるが、地方自治法第114条第2項により、議員中に異議があるとき、議長は会議の議決によらない限り、その日の会議を閉じ又は中止することができないとされていることを考慮し、議長は極力議場の秩序保持に努め、閉議を決めるべきである。

（2）議員の懲罰

議員は、会議または委員会において、品位を保持する義務があり、無礼な言葉の使用や他人の私生活にわたる言論をしてはならない（同第132条）。他方、侮辱を受けた議員は議会に訴えて処分を求めることができる（同第133条）。

これらの規定を受けて、地方自治法、会議規則及び委員会条例に違反した議員に対して、議決により懲罰を科すことができる（同第134条）。懲罰には、公開議場における戒告または陳謝、一定期間の出席停止、除名がある（同第135条）。

発議は、動議による場合の他、処分要求による場合（同第133条）、及び議長の職権による場合（同第137条）がある。除名は、議員の3分の2以上の者が出席し、その4分の3以上の者の同意を要する（同第135条第3項）。

懲罰は、議会の内部規律に関する自律作用であるため、行政不服審査法の審査請求の対象にならず、審決申請（同第255条の4）も除名以外の懲罰は対象とならない。

6　議会事務局

都道府県の議会には事務局が置かれ、市町村の議会には条例で定めるところにより事務局を置くことができる（地方自治法第138条第1項、2項）。

事務局には、事務局長、書記そのほかの職員が置かれ、事務局を置かない市町村の議会には書記長、書記その他の職員が置かれる。ただし、町村には書記長を置かないことができる（同第138条第3項、4項）。

議会のこれらの職員は、議長に任免され（同条第5項）、そのうち常勤の職員の定数は条例で定める必要がある（同条第6項）。
　議会は、議員は調査研究に資するため、図書室を附置し、官報・公報・刊行物を保管して置かなければならない（同第100条第19項）。

第10節
自治体議会改革と市民参加

1 自治体議会のあるべき姿

　自治体議会のあるべき姿には、大きく2つのタイプがあると考える。

　プロ型議会と**アマチュア議会**である［礒崎初仁「あるべき議会像を選択できる制度を」自治日報2014年10月24日参照］。

　プロ型議会とは、政治行政のプロフェッショナルとして、自治体の意思決定を担う「プロ型」議会像である。このタイプの議会は、行政統制機能のみならず、地域の課題解決のために向けた政策形成機能が期待されている。この場合は、議員は専業であることが前提とされ、会議は昼間に開催されることになる。プロフェッショナルにふさわしい報酬を保障する代わりに、討論による合意形成を重視して、議員定数はなるべく抑制する。少数精鋭の「働く集団」とすることが求められる。

　実際には、都道府県、政令市などの大規模な自治体では抱えている課題が複雑なので、「プロ型議会」が選択されることが多い。但し、大選挙区の場合、同じ政党・会派の候補者が競い合うため政策選挙が成り立ちづらい。プロ型議会の場合、小選挙区又は中選挙区への転換が望まれる。

　一方、アマチュア議会とは、政治行政に生活者としての意見や感覚を反映させるタイプの議会である。このタイプの議会には、市民の目線で行政のあり方を点検し、その意向を反映させる行政統制機能が期待され、政策形成機能はあくまでも副次的なものである。

　この場合、議員は、非専業として勤務することが前提とされ、会議は平日夜間か、休日に開催される。報酬は低額にとどめる代わりに、多様な意見を反映させるため、議員定数は多くてもいい。教育委員会などと同様に、「レイマン・コントロール」（素人による統制）の発想に立つことが求められるのであり、一般市民も参加しやすい「普段着の議会」が求められる。住民目線で小回りがきくような小規模自治体では、「アマチュア型議会」がふさわしいと考えられる。

アマチュア議会の場合は、仕事と議員活動を両立させる必要がある。会社員が議員になっても仕事を続けられるように使用者に配慮義務を課すなど法制度の整備が重要になる。地方公務員の場合は、勤務先以外の自治体の議員選挙には立候補できるように選挙制度改革もすべきであろう。

このいずれのタイプにするかは、あくまでも自治体ごとに住民の意見を聞きながら決定することが望ましい。法律で画一的な議会像を想定して必要な規定を定めるのではなく、各自治体が選択し、自治基本条例や議会基本条例などの条例で定めることが望ましい。

2　自治体議会改革

（1）自治体議会の現状

自治体議会は首長とともに住民の代表機関として、自治体行政を監視牽制するとともに、地域における政策形成機能を充実させることが求められるが、自治体議会の実態からその限界が指摘されている。

まず、多くの議会は、全国都道府県議会議長会、全国市議会議長会、全国町村議会議長会がそれぞれ作成した標準会議規則に従い運営されている。例えば、議員が事前に文書で議長に通告し、首長等はこれをもとに答弁書を作成するといった質問の文書通告制を採用している。また、一問一答方式ではなく、質問者が連続して発言し、これにまとめて答弁者が答える一括質問・一括答弁方式が採用されている。さらに、質問回数、発言時間の制限等を採用しており、議会での審議は形式化、儀礼化しており、行政監視機能が十分に発揮できていない。

次に、政策形成機能であるが、条例案の提出は、首長による提出が９割以上で、議員提出は、都道府県議会・市町村議会とも１割に満たない状況である。このため、政策立案能力の向上が指摘されているところであり、議員の政策立案能力を向上させるためのスタッフ機能の強化が強調される。また、議員の立法調査活動を支える議員の政務活動費については、経費の範囲を条例で定めることができるようになったので、透明性を確保し、しっかりと有効活用されることが望まれる。

さらに、議会は、議員によって構成されているが、本会議や委員会は議員で運営されているかといえばそうでない。首長や各種行政委員会の委員等は、議会の審議に必要な説明のため、議長から出席が求められたときにのみ議場に出

席すべきであるが、実際には、本会議中、首長は、常時、会議に出席している。これを補佐する幹部職員も同様である。また、委員会は首長よりも幹部職員が中心になって常時出席が求められている。このため、会議は、執行機関に対する議員の質問と、これらに関する執行機関の答弁の場になっている。

こういった議員の質問自体も、執行機関の職員が作成を補助するのが習慣、慣例になっている。こうした状況を改善して、議会は、本来予定されている公開討論の場にならなくては、住民の信頼を得ることができない。

(2) 自治体議会の改革

こうした課題を受けて、各自治体では議会改革に取り組んでおり、その一つに**議会基本条例**がある。市民と議会の条例づくり交流会議のホームページ「自治体議会改革フォーラム」によると、2015（平成27）年9月18日現在、全国で701の自治体（39.2％）が議会基本条例を制定している。内訳は、道府県30（63.8％）、政令市15（75.0％）、特別区2（8.7％）、市415（53.9％）、町村239（25.8％）である。現在、多くの自治体に伝播している。

議会基本条例の主な内容は議会運営であり、議員間の約束を定めたものといえよう。主な内容は、議会報告会、議員同士で自由な議論を行う議員間討議、政務活動費に代表される金銭支出の透明性や説明責任といった項目である。これ以外にも、三重県議会では、議会の下に、附属機関と調査機関を設置し、立法機能の強化に努めている。また、一部の自治体議会では、定例会・臨時会という会期制に代えて年間を通じて開会する通年制の導入や議員報酬の月額制から日額制への変更、夜間議会・土曜日曜議会の閉会といった取り組みが行われている。

これらの議会改革の取り組みを反映して、2012年の地方自治法改正で議会制度改革が行われ、自治体の議会が条例で通年制を選択できることを規定するとともに本会議においても公聴会の開催や参考人の招致ができるとされた。

(3) 議会の政策立案能力の強化

議会の政策立案能力を強化するためには、議員自身の政策法務の能力を高め、議員をサポートする体制を整備し、研究者などの外部人材と連携することが大切である。また、議会での責任ある発言を確保するためにしっかりとした広報が必要である。

①議員の政策法務の知識と能力を高めること

議員研修や議会内の研究活動を充実させ、条例立案のための能力と知識

を養うことが必要である。

②議会事務局を充実させ、サポート体制を強化すること

都道府県の議会には事務局が置かれ、市町村の議会には条例で定める事務局を置くことができる。小規模自治体では、議会事務局の職員数をしっかりと確保すること、このほかの自治体では、事務局職員の能力養成、若手研究者の採用などを進めて体制を充実させることが大切である。

③研究者、NPO、住民等の外部人材と連携すること

よりよい政策をつくり出すために、研究者や地域で政策課題に取り組む住民グループなどからアイデアを取り込んだり、参考人などの形で審議に反映させることは重要である。

④議会の広報を充実させる

会議の様子を会議録に残すだけでなく、議事録データベースでインターネットに公開したり、インターネット配信、動画配信する取り組みを行うことは、説明責任を果たす点から重要である。

⑤フォーラムとしての議会の充実

公聴会の充実等、議会本体の公開や議会報告会等議会が住民の前に出向くことで、新たな住民と議会との関係を構築してきた。これに加えて議会と住民が意見交換（議論）できる「場」（フォーラム）を設定することが重要となる。さらに、この「場」（フォーラム）の設定が議会のみならず、住民からの要請でも可能にすることが大切であろう。住民自治を活かした住民、議員、首長が集う討議空間こそが議会の政策立案能力を高める契機になるだろう。

こうした議会広報の充実、透明化、住民とのコミュニケーションにより、自治体議会議員の意識改革や議会運営の改善が徐々に進んでいる。

第2章

自治体政策の新たな展開

第1節
自治体政策を考察する視点
―自治体と住民の新しい関係―

1 自治体と住民の新しい関係

　自治体政策を考察する視点として自治体と住民の新しい関係を視野に入れる必要がある。その背景には、地方分権改革の結果、団体自治の拡充は図られたが、住民自治については残された課題とされたので、住民の役割を問い直す必要がある。また、国や自治体は、高齢者社会を迎え、義務的経費が増加するなか、国や自治体はそれ自体で行政サービスを行うことが困難になったため、住民の協力は必須である。さらに、社会の複雑化、多様性を反映して、住民のニーズに即したきめ細かなサービスを提供することが求められている。

　こうした中で、公共活動は、①国や自治体が集めた税金をもとに有償で雇用した公務員が行う活動、②自治会、NPO（74ページ参照）等が地域のつながりや特定のネットワークなどを通じて行う地域活動、企業がCSR（Corporate Social Responsibility：企業の社会的責任）・メセナ（mécénat：特定の芸術・文化振興活動）として行う活動と大きく2つに大別できる［稲継、2013年、p.180］。とりわけ、地域活動の中では、町内会などの加入率が低下し、コミュニティ機能不全が指摘される中でNPOが台頭してきている。

　我が国の「NPO」概念は、1995（平成7）年に発生した阪神・淡路大震災をきっかけとして拡大し、1998年に**NPO法**（**特定営利活動促進法**）が成立し、福祉、防災、まちづくりなど様々な分野で活動するNPOに法人格が付与されるようになった。

　NPOが都道府県・国に申請して法に定める要件に適合していると認められれば、NPO法人を認証されることになり、全てのNPOが法人格を取得したわけでないが、法人格を取得できる仕組みを作ったことは社会活動を行う上で大きな意味があった。

2　自治会・町内会

　自治会、町内会などと呼ばれる地縁型住民自治組織は、自治体と最も関係が深い住民組織である。自治会・町内会は、自治体の末端機構という特徴があり、自治体の広報誌の戸別配布、街頭の管理、募金の取りまとめ、災害時の対応、ごみステーションの管理など多くの業務を自治体から委託を受けている。また、自治会・町内会からの意見は、自治体に対して交渉力と影響力をもち、特定地区の住民の総意とされる。

　こうした自治会・町内会も最近では加入率の低下、会員の高齢化に伴う退会率の上昇、役員の高齢化など共通した課題が顕在化してきており、これまで、自治会・町内会に委託してきた業務（広報誌の配布、街頭の管理など）を民間企業に委託する自治体も出てきている。

3　自治組織の限界

　地域社会やコミュニティによって社会問題を解決することは可能であり、具体的には、自治会や地域団体、NPO団体、ボランティア団体などの地域住民によりサービス提供することは十分可能である。一方で、次のような問題点があることを十分に認識しておく必要がある［磯崎、2012年、pp.134-135］。

　第一に、民主制の欠如である。

　自治会、地域団体、NPO団体、ボランティア団体などは、組織の代表者を構成員の選挙で選出するなどの民主的な運営が保障されていないため、特定個人やグループの独断専横に陥る可能性がある。この場合、組織の代表者を構成員の選挙により選出したり、意思決定の際の民主的ルールを作成したりしておくことが求められる。

　第二に、フリーライダーの存在（ただ乗り）である。

　自治会がゴミ収集所の管理を行っている場合に、自治会に加入していない人もゴミ捨て場の便益を受けることはできるが、地域組織だと税負担などの強制力を持ちえないため、フリーライダーを排除することが難しいといえる。こうした場合、自主組織への自発的な参加を促し、ボランティアなどの参加に基づく運営にしていくことが望まれる。

　第三に、少数者の権利・意見の軽視である。

自治組織において、その運営に基づく制度的な保障が十分でないので、少数意見の権利や意見が軽視される可能性がある。この場合、少数者の意見表明の機会の確保などを通じて、権利・意見保障を行っていくべきであろう。

4 NPO

NPO※とは、最広義には、営利団体（利潤を構成員に分配する株式会社等）の対案概念として捉え、利潤再分配を行わない組織・団体一般（非営利団体）でである。つまり、社団法人や財団法人、医療法人、社会福祉法人、学校法人、宗教法人、協同組合、地域の自治会なども含まれる。

一方、最狭義では、NPO法に基づく認証を受けた法人のみを指すことになるが、日本では、一般的に認証を受けていない市民活動団体やボランティア団体なども含めた民間非営利団体をNPOと呼ぶことが多い。

わが国のNPOの活動は、保健・医療・福祉の分野で活動する団体が全体の6割を超え、「まちづくり」33％、「子供の健全育成」32％、「社会教育」30％、「文化・芸術・スポーツ」25％、「環境保全」24％、「国際協力」20％の順になっており、ＮＰＯ法人の活動分野は多様なものになっている。

図表2-1　NPOに含まれる団体の種類

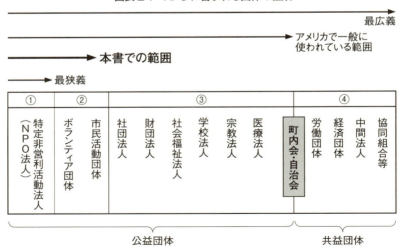

〔出典〕平成12年度　国民生活白書

※　「「NPO」とは『Non-Profit Organization』又は『Not-for-Profit Organization』の略称」（内閣府NPOホームページ）

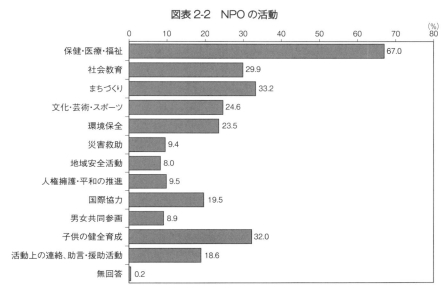

〔出典〕平成 12 年度　国民生活白書

5　コミュニティ研究

東日本大震災以降、人々が家族・ふるさと・社会とのつながり、言い換えると、人と人との絆の重要性があらためて認識されるようになった。これは、少子高齢化による地縁血縁社会の希薄化、都市化と過疎化の進行による家族や地域のコミュニケーションの希薄化、終身雇用制度の崩壊、非正規労働者の増加による孤立しやすい社会、つまり「無縁社会」への移行を意味し、社会問題化している。こうした状況を背景として、今、コミュニティが問われている。

名和田是彦は、**コミュニティ**は、親睦の基盤であり、合意形成（利害調整）の場であり、公共サービスの提供（事業）主体であり、計画主体であるという4つの機能を有するとする［名和田、1998年、pp.154-155］。公共サービスの提供機能を見ると、地域住民の声を集め、その動向を分析し、これを斟酌して行政が決定する場合とコミュニティ自体が決定して行政がそのまま自らの意思とする場合（決定権限の分散）がある［名和田、1998年、p.13］。

また、**ソーシャル・キャピタル（社会関係資本論）**という考え方も注目されている。米国の政治学者ロバート・D・パットナムは、『哲学する民主主義』の

中で、イタリアでレジョン（広域地方団体）が導入された際の南部と北部の違いを検討し、その違いを作り出している様々な団体の存在を強調した。すなわち、北部には、サッカークラブや読書会、合唱団などを通じて市民が参加する水平的な市民的な絆が形成されていて、人々は信頼し、助け合い、自発的に行政に協力し、経済も民主主義も機能するとした。そして彼は、ソーシャルキャピタルを「調整された諸活動を活発化することによって、社会の効率性を改善できる、信頼、規範、ネットワークといった社会的な仕組み」として特徴づけた［パットナム、2001年、pp.206-207］。

さらに、歴史社会学者のシーダ・スコッチポルは『失われた民主主義』で、パットナムの歴史的な認識を否定しながら、様々な形態の自発的な結社は、単に地方的な団体としてあったのではなく、全国組織の団体として存在してきた。そして大量なメンバーを擁するこのような組織があれば目的の実現と手段の訓練が米国の民主主義を支える訓練になりえたとする。しかし、米国の会員制メンバーを主体とする結社は、専門家を中心とするアドボカシー団体にとって代わられるようになるが、広範なメンバーを持たなかったので、民主主義の訓練ができなかった。このため、ここで提唱する公共政策も特権階級の利害に沿ったものであり、民主主義の衰退と変容が起こったと指摘する［スコッチポル、2007年、pp.187-216］。

わが国の自治組織は、小規模で地域に根差した規模の小さい団体が数多く、専門化していないので政策提言はできず、一方で、大規模で全国的な専門家団体が少ないため、「政策提言なきメンバー集団」として特徴づけることができる。

最近の注目すべき議論の中で、坂本治也は、地方政府の統治パフォーマンスとソーシャルキャピタルとの関係について、「活動する市民が果たす統治エリートに対する適切な支持・批判・要求・監視の機能」である**シビック・パワー**が重要であることを確認する。ここにいうシビック・パワーの担い手は、市民エリート（活動する市民）、すなわち、自らが定義する特定の「公益」の増進を目指し、異議申し立て、政治エリートの監視、啓発活動、公論喚起などの手段を通じて、政治機構の外側から政策過程に何らかの影響を与えようとする市民団体などで運動家、政治家である。市民運動、オンブズマン運動、消費者運動、環境運動などの諸団体に属する活動家である［坂本、2010年、pp.131-137］。

良き地域社会を実現する上で、市民や市民社会組織はどのような対応行動にあるべきか、ソーシャルキャピタル論の立場からは、「協調する市民」が求め

られ、坂本治也の議論からは政府を監視・批判する「活動する市民」が求められていることになる［稲継2013、p.188］。

6 飯田モデルに学ぶ「エネルギー自治」

長野県飯田市を本拠として再生エネルギー事業を行っている「おひさま進歩エネルギー株式会社」は、市民共同出資による太陽光発電事業のパイオニアであり、地域に根差した社会的企業モデルである［以下、諸富、2015年a］。

（1）地域内資金循環による地域活性化

この再生エネルギー事業が市民共同出資の「寄付」と異なって画期的であったのは、再生エネルギー事業が「慈善事業」としてではなく、「収益性のある事業」として確立した点にある。

「寄付」は、手元資金に余裕がある人々に限定される可能性が高く、少数の市民しか応じることができない点が課題である。一方、「出資」は、失敗に終われば戻ってこないというリスクがあるものの、収益の一部を配当として分配できる可能性もあるため、多くの資金を集めるのに成功したのである。

つまり、地域の資金を事業に投じて生み出された利益をその地域内に再投資する仕組みを構築することで、地域内の資金循環を構築したことが重要である。加えて、太陽光パネルの初期購入費用を低金利で融資する地元金融機関の「飯田信用金庫」や、購入にあたり一部を補助した飯田市の役割も重要であったであろう。

（2）企業や市民による太陽光ビジネスの支援

長野県飯田市では、太陽光のみならず政策領域全般にわたり、「民間企業や市民が公共的、公益的な機能を活発に果たしている地域では、自治体の状況に限らずに持続可能な形で公共的、共益的な機能が維持される基盤を整える」と考え、短期的に手間がかかっても、長期的には自治を担える人材と組織をつくりあげ、その地域の持続可能性を高めることにつなげようとしている。

この考えは、パットナムのソーシャル・キャピタル論につながる点であろうといえる。具体的な施策としては、公共施設の「屋根貸し」である。飯田市が公共施設を20年間にわたって長期に貸与することで、短期契約による不安定な状況を克服し、ビジネスの安定化、収支の長期見通しを立てやすくする条件整備をしたのである。この点は、現在多くの自治体で導入されている指定管

者制度を導入したほとんどの施設が3～5年であるため、整備投資や人材育成を困難している点を克服したものといえる。

(3) 飯田市による信用力の付与

おひさま進歩エネルギーへの後方支援として発電した電気を飯田市が固定化価格で買い取る「再生エネルギー固定価格買取制度」を導入したことは重要である。その結果、おひさま進歩の収支見通しは確実なものになり、安定的な経営が可能になった。また、飯田市の地元に「社会的な企業」を育てるという点から、地域金融機関（飯田信用金庫、八十二銀行）などが融資の決断をする際に、飯田市の関与によって信用力が大きく付与され、おひさま進歩が資金調達しやすくした点は大きい。

(4)「自治力」の涵養と職員の人材育成

飯田市の公民館は、地域の課題について話し合う「住民による集会」の場を持ち、住民たちで解決できない課題を市と協議する住民自治の基本が培われている。つまり、住民発意によるボトムアップ型の意思決定過程なので、住民が相互に学習し、その内容について討論や意見交換を通じて共有して深めている。そうすることで地域を取り巻く環境の変化を正確に認識し、将来の地域づくりをつくり上げておくことが可能になる。

そして、住民が常時顔と顔を突き合わせ、協力して事業を進めていく過程で、住民相互の信頼を醸成し、ネットワークを形成、強化しているといえる。さらに、飯田市職員の人事トレーニングシステムとして、「公民館主事制度」を導入して、住民とのコミュニケーションを通じて問題解決能力（知識創造）を習得させており、市職員が「黒子役」として主体となって事業を成し遂げる仕事の仕方を体得させている点は極めて重要であろう。

[参考文献]

稲継裕昭『自治体ガバナンス』放送大学教育振興会、2013年
坂本治也『ソーシャル・キャピタルと活動する市民』有斐閣、2010年
シーダ・スコッチポル、河田潤一訳『失われた民主主義―メンバーシップからマネージメントへ』慶應大学出版会、2007年
坪郷 實『ソーシャル・キャピタル』ミネルヴァ書房、2015年
名和田是彦『コミュニティの法理論』創文社、1998年
名和田是彦『コミュニティの自治〜自治体内分権と協働の国際比較』日本評論社、2009年
諸富 徹『「エネルギー自治」で地域再生』岩波書店、2015年a
諸富 徹『再生可能エネルギーと地域再生』日本評論社、2015年b
ロバート・D・パットナム、河田潤一訳『哲学する民主主義―伝統と改革の市民的構造』NTT出版、2001年
ロバート・D・パットナム、柴内康文訳『孤独なボウリング―米国コミュニティの崩壊と再生』柏書房、2006年

第2節
自治体における公共施設マネジメント

　戦後から高度成長期にかけて整備されてきた公共施設は、建設後相当期間が経過してきている。道路や下水道というライフラインのみならず、公営住宅、教育関係施設、職員宿舎、廃棄物処理場などといった施設の老朽化は顕著である。とりわけ、2012（平成24）年の中央自動車道笹子トンネルの事故により、公共施設の老朽化が注目されるようになっている。

　このような公共施設の老朽化の原因としては、①公共施設を整備した時代に比べ、さらなる強度を必要とする機能的な陳腐化、②施設の設計（施工、材料）がもともと適切でなかったことから起こる損傷、③自然環境や使用状況からの経年劣化などが挙げられる[注1]。

1 施設の台帳整備と社会的合意の必要性

　公共施設（道路、公園、学校や公民館など）の老朽化に対しては、総合的に信頼できる情報が欠如し、断片的な情報が利用されていることから、資産台帳を整備する必要がある。国所有の固定資産については、国有財産台帳などが整備されているが、総務省の調査によると台帳を整備している自治体は18％程度にとどまり、大半の自治体では、公共施設についての基礎資料とすべき台帳はなく、更新計画が立てにくい状況にあった。

　そこで、総務省は2015（平成27）年度から3年程度をかけて全自治体の台帳整備を目指している[注2]。こうした台帳整備については国による新たな義務付けであるが、自治体にとっても大切な作業であろう。台帳整備ができれば、更新すべき施設の優先順位付けや統廃合の是非など判断の基礎資料ができるので、このような情報を市民、施設利用者、関係機関などに積極的に提供して自治体とともに情報を共有し、今後の公共施設を総合的に見直す方向性（公共施設マネジメントの基本方針）について社会的合意を形成する必要がある。

2　長期的視点での対応

　このような公共施設マネジメントの基本方針を作成する上で大切なのは、長期的な視点に立った取り組みをすることである。特に、自治体の長や議会議員は次の選挙のことを考え、長期的な視点を持たずに「先を見ない政治」をしてしまいがちであるが、この点を克服する必要がある。

　国は2014（平成26）年の通常国会で地方交付税法等の一部を改正する法律を成立させ、地方財政法を改正し、特例措置として公共施設等の除却に係る地方債（撤去債）の発行を認めることにした（地方財政法第33条の5の8※）。一般に地方債は公共事業の建設に充てる（地方財政法第5条第5項※※）のが一般的であり、施設を長い期間にわたって使うので、将来世代にも借金の形で費用の一部を負担する必要があると考えられるからである。

　施設の撤去の場合、資産が減るが負債は増えるため、将来世代への説明責任という視点からも社会的合意を形成する必要がある。この撤去債の発行を希望する自治体は、「公共施設等総合管理計画」を作成する。この計画には、今後の人口や財政状況の見通しをまとめた上で、更新や長寿命化、統廃合など公共施設に関する方針を明記する。この計画で不必要と位置付けた施設が撤去債の対象となる。これまでも公営企業では解体費への地方債（公営企業債）の発行を認めてきたという例もあり、2013（平成25）年に埼玉県が施設の撤去に地方債を求める構造特区を提案したことが後押しとなった。総務省が同年9月に行った調査によると、全国の自治体から撤去の移行があるとした施設数は1万2251件に上り、解体費は4039億円に上った。そして、1年から2年で解体を希望する施設は3969件（3割超）であり、数年程度を合わせると約6割になった注3。こうした自治体の需要を反映し、撤去債の発行を認めることにした。

3　施設管理の専門性確保

　老朽化した公共施設は、人間の体と違って老朽化の症状を訴えてくれないので、できるだけ早い段階から発見・予防・治療（適切な措置）を講じなければならない。早期治療で対応できれば、安価なコストで対応できる。費用対効果が高い維持管理を行うアセットマネジメント（資産の管理・運用）が重要になる。

　このためには、センシング（探索）をして自治体が管理する地域情報、災害

※　「（前略）当該地方公共団体における公共施設等の総合的かつ計画的な管理に関する計画に基づいて行われるものに要する経費の財源に充てるため、第5条の規定にかかわらず、地方債を起こすことができる」

情報などの様々な情報を地図上で一括管理して、有効活用することが大切である。地域住民やサポーターによる劣化進行、劣化予測、限界状態防止のモニタリングに加え、市民が公共施設の不具合などの地域課題をスマートフォンのGPS機能を使い、位置情報と写真付きのレポートをして登録する「ちばレポシステム」[注4]など市民、ボランティア、民間企業を含めた地域社会での監視体制を強化する取り組みは、自治体の監視体制を補完する上でも大切である。

また、自治体は一括管理した情報をもとに公共施設を点検・管理するため、点検マニュアルを作成する必要があるが、市町村によっては、専門職を採用していないところもあり、点検マニュアルを作成し、施設整備の優先順位を行い、施設ごとに「保全方針」を作ることができないところもある。

道路については、地方道（とりわけ市町村道）の施設数が多いこともあり、自治体の専門性を補完する必要があるため、2013（平成25）年の通常国会で道路法を改正し、国土交通大臣が都道府県知事や市町村長の要請に基づき、当該自治体に代わって国が都道府県道や市町村道などの工事を代行することができるとした。当該工事に要する費用は、当該都道府県や市町村に当該工事に要する費用の額から補助金相当額を控除する額を負担することとされた。

4 施設の集約化・多機能化・市場化

人口減少化社会の中で、自治体財政が厳しくなるため、公共施設の維持管理のコストはかさむばかりである。そのような中で、利用料金を上げて、特別課税を行うような市民の負担を増やして公共施設を維持したいという選択肢を市民は望まないだろう。その一方で、施設の機能は残したいと考えると、市民の施設までの距離が遠くなってもサービスは残してほしいという要望につながると考えることができる。

つまり、施設の「広域化」が選択肢の一つになろう。一つの施設を複数の自治体で相互利用することも考えられる。例えば、文化ホールや総合運動施設などである。また、一つの施設に複数の機能を集約させることで管理コストを削減する施設の「多機能化」も考えられる。例えば、図書館と公民館、幼稚園と保育所などである。

さらに、施設を民間に譲渡するか、もしくは民間施設を利用し、必要に応じて費用を補助するといった施設の「市場化」の場合もある[注5]。例えば、図

※※ 「（学校その他の文教施設、保育所その他の厚生施設、消防施設、道路、河川、港湾その他の土木施設等の公共施設又は公用施設の建設事業費（中略）及び公用若しくは公共に供する土地又はその代替地としてあらかじめ取得する土地の購入費」

書館を廃止して、車で書籍を運ぶ移動図書館や電子図書館が考えられる。また、図書館を無人化して蔵書にICチップを埋め込み、機械に読みとらせ、セルフサービスで手続きを行うことができる無人図書館を導入することも考えられる[注6]。

このように増加する維持管理費を放置すれば、施設が倒壊する危険性を先送りすることにつながることを市民は知っている。したがって市民は、施設の広域化・多機能化・市場化に対しても反対せずに、むしろ賛成するのではないかと考える。

注1) 岩崎忠『自治体の公共政策』学陽書房、2013年、pp.160-164参照
注2) 『地方公共団体における固定資産台帳の整備等に関する作業部会報告書(平成26年3月)』総務省自治財政局財務調査課。
注3) 『公共施設等解体撤去事業に関する調査(平成25年9月1日現在)』総務省自治財政局地方債課(2013年12月3日記者発表)』
注4) 第2章第3節参照。
注5) 根本祐二氏は、「広域化」「多機能化」「ソフト化」という整理をするが、私は「広域化」「多機能化」「市場化」という整理を行った。(根本祐二「(公共施設等総合管理)計画策定にあたっての留意点」『地方財務2014年8月号』pp.2-15参照)
注6) 「秦野市公民館で実験へ」2014年9月5日神奈川新聞記事

[参考文献]
小島卓弥『ここまでできる実践公共ファシリティマネジメント』学陽書房、2014年
小松幸夫監修『公共施設マネジメントハンドブック』日刊建設通信新聞社、2014年
日本建築学会『公共施設の再編〜計画と実践の手引き』森北出版、2015年
根本祐二『朽ちるインフラ』日本経済新聞出版社、2011年
『「都市問題」公開講座ブックレット28・老朽化する社会資本』後藤・安田記念東京都市研究所、2013年

第3節 市民と自治体が協働するまちづくり
——千葉市における「ガバメント2.0」の挑戦——

1 米国及び英国における協働の考え方

　米国において「ガバメント2.0」は、2005年にネット関連企業のCEOであるティム・オライリー氏が提唱したことから始まる。

　ITの世界ではソフトのバージョンがあがると1.0から2.0とか3.0に上がっていくように、ガバメント2.0の「2.0」とは、行政（自治体）の仕組みも今までのように市民が税金を行政（自治体）に投入し、行政（自治体）が公共サービスを提供するという従来のスタイルと一線を画し、バージョンが上がっていくことを意味する。ティム・オライリー氏によれば、「政府がプラットホーム化しなければならない。そうすれば、市民は自由にそのプラットホームの上で様々な新しい公共サービスを自分自身で行う（Do it Ourselves）で展開するようになる」という[注1]。

　一方、英国では、2011年に成立した地域主義法（Localism Act 2011）が、自治体業務の一部をボランティア活動にするため、ボランティア団体が自治体に代わって公共サービスの運営を行うことができる規定を盛り込んでいる。

　米国も英国もいずれも行政（自治体）が持っている情報をオープンデータとして、**ICT（Information and Communication,Technology［情報通信技術］）** を使って、市民と行政が協働して問題解決に取り組もうとする点では共通している。

2 千葉市における「ガバメント2.0」

　千葉市は、ガバメント2.0について、ICTを活用して、様々な情報を行政機関と市民とが共有することにより、公共サービスや政策決定に市民がこれまで以上に参画し、その結果、従来の行政と市民の役割が変化していくと理解している。

具体的には、ICTの活用により、行政が保有する情報を市民と共有する「オープンデータ」を推進するとともに、政策決定や公共サービスの提供に際し、市民が参画する仕組みとして、「ちば市民協働レポート」（通称：ちばレポ）を構築し、市民と行政がフラットな関係を創り出すことを目指している。これにより、市民が納得する行政サービスの提供、及び行政の効率化を達成しようとしている。

　「ちばレポ」とは、市民が道路や公園の不具合などスマートフォン等GPS機能を使った写真をレポートして「ちばレポシステム」に登録、市民の力を発揮できる課題は市民の力で解決し、その一方で、市役所でなければならない課題は市役所で解決するという仕組みである。米国では、壁にいたずら書きをされた状況がアプリに配信されると、市民が消してきれいになった事例が報告されるなど、行政ではなく市民自らが地域の課題を解決する事例が報告されている。市民が解決すべき課題か、それとも行政（自治体）が解決すべき課題かの仕分けが重要になる。

　そして、日本の場合は、市民が解決すべき課題とした場合でも、行政依存度が高いので、米国のように市民がいたずら書きを消すかどうか課題となるであろう。仮に、市民の課題として整理された事項が、ずっと解決されずに地域の課題としてのランプが点滅した状態が続いた場合、行政（自治体）はどのような対応をするのか検討する必要がある。

　また、一方で、解決すべき行為や人を特定化することや車のナンバープレートなどは個人情報であるため、例えば、空き家の場所などが特定されてしまうと、犯罪を誘発してしまう危険性もある。情報提供にあたり、個人情報保護との関係を慎重に検討する必要がある。一方で、個人情報が特定されないと問題解決できない場合もあり、課題の特定化、それに伴う情報保護のあり方が今後の課題になるであろう。

　さらに、千葉市は**政令指定都市**であるため、**一般市の権限から都道府県の権限の一部まで幅広い権限**を有している。このような千葉市でも市民から出されてくる情報が国や千葉県が有する権限に該当する場合があり、千葉市以外に権限がある情報に対応する場合がある。このような場合、関係機関への連絡だけでとどめるべきか、それともその対応をアプリに配信するかどうかなど、関係機関との調整・検討を要する。

　このような課題はあるものの、これまでは、地域の課題を提供したものと行

政（自治体）担当者だけの情報のやり取りであった関係を、地域の課題としてオープンにして、可視化・共有化することで市民の参画・協働意識を醸成しようとする試みは評価したい。

3 千葉市における今後の展開

　市民から寄せられる意見には、窓口対応、電話、FAX、メール等のほか、市長への手紙等による市民からの要望やコールセンターへの問い合わせ記録など、様々なチャンネルがあり、それらを一元管理して「市民対応履歴管理システム」を庁内情報基盤として整備することが必要であると千葉市は考えている。

　また、市民が参加する意欲を持続させるための仕組みとして、気軽なイベント型の課題解決の企画や課題解決に貢献した人へのポイント付与などを千葉市は検討しているが、市民の参加意欲を継続できるかどうかは、市民が情報提供した内容にいかに的確に市民もしくは行政（千葉市）が対応できるかを示すかにかかっている。そうすることで、次回も情報提供しようとする参加意欲が高まる。

　さらに、道路に穴が開いているなどネガティブな情報だけでなく、子育て支援や公園等のグループ活動などポジティブな情報発信ツールとすべきであろう。最後に、ニーズと市民のボランティアをマッチングできるように千葉市がアシストすることにより、市民の持つ力を最大限発揮させることが大切であろう。

　このような「ちばレポ」を通じて、市民が街の地域課題を気にすることで、住みやすい街・よりよい環境の「街」にしたいという「街」に対する意識が高まることが期待される。

4 市民による公共サービス

　筆者は、2013年9月に、英国に地方自治の調査に行き、マンチェスター市コミュニティー支援部長のマイク・ワイルドさんにインタビューする機会を持つことができた。

　マイク・ワイルドさんは、キャメロン政権の施策について、「地域主義法（Localism Act, 2011）の成立をきっかけとして、自治体の歳出削減のために公共施設・公共サービスが廃止されることに対して、地域が何をできるかを考え、できることから地域が行動を起こすことになった。例えば、図書館サービスの

提供について、図書館を廃止してしまい、市民が図書館の利用をあきらめるよりは、市民は募金をしたり、市民自ら時間を作って図書館利用に時間を提供することなど、コミュニティーができることをして存続させる。役所ができないなら、市民がやる方向で自覚し始めている」と評価している[注2]。

もともと学校や図書館は住民がお金を出し合い、コミュニティー組織として立ち上がった施設であり、中央政府もしくは自治体のサービスとして取って代わって行われてきた。このような公共サービスであれば、市民が取り戻すことは可能であるとする。

英国においては、このように行政（自治体）がやらなければ市民がやるという風土があるが、日本がこのような風土であるかどうかというとほど遠い。千葉市は、「ちば市民協働レポート実証実験（ちばレポ）を実施し、道路の陥没場所や草刈りが必要な場所を市民に情報提供してもらうアプリを配信したところ、約1000件の情報が集まった。不具合が見つかった現場のなかには、行政の担当者では目が届かない情報もあった」という[注3]。

今後は、市民から寄せられる情報に対して、行政（千葉市）がいかに対応するかが課題になろう。市民は、市に情報提供したものが対応されなければ、情報提供は無駄な作業となり、今後、情報提供するインセンティブ（動機付け）が失われる。そうなることで、情報提供の件数は徐々に減少していくことが予想できる。つまり、行政が担うべき部分は行政自身が当然行うべきであるが、予算や組織の制約がある。一方、市民が担う部分として仕分けした場合、いかに市民に主体的に対応してもらうかが鍵となる。

ちばレポが市民からの情報収集手段としてのツールとして使われるだけでなく、市民自らが地域の課題を解決する市民参加のツールとして利用されることにより、その効果が十分に発揮されることが期待される。

注1) ティム・オライリー「ガバメント2.0 －政府はプラットホームになるべきだ」
　　（http://jp.techcrunch.com/2009/09/05/20090904gov-20-its-all-about-the-platform/）
　　2017年1月16日確認
注2) 岩﨑 忠「英国調査報告④:ボランティアが地域を再生する」『自治日報（2014年4月18日）』
注3) 日本経済新聞2014年6月7日記事

第4節 大規模災害対応と危機管理

　地震や水害等による災害から住民の生活や財産を守る防災行政は、自治体の重要な責務である。特に阪神淡路大震災や東日本大震災といった低頻度巨大地震にどのように対応するかが問われている［礒崎・伊藤・金井、2014年、pp.175-183］。そもそも防災とは、国民の生命・身体・財産を守るため、災害の発生を防止・抑制することである。ここでいう災害には、地震、津波、風水害、火山災害などの「自然災害」のほか、海上・航空・鉄道災害、原子力災害など人の行為に起因する「事故災害」も含まれる。

　我が国の防災行政は、災害に対する国土保全を中心に法環境が整備され、枕崎台風（1945［昭和20］年）やカスリーン台風（1947年）を受けて水害法が制定されるなど災害応急に対する個別法中心の法規制であった。このため、災害対策に整合性も統一性もみられず、国や自治体の責務も明らかでなかったことから伊勢湾台風（1959年）を契機に災害対策の一般法としての「災害対策基本法」を制定した。

　また、阪神淡路大震災（1995［平成7］年）を受けて、ボランティアなどの多様な主体による地域の総合的な防災力が注目され、地域防災の考え方が定着した。この災害を受けて、災害対策基本法は改正され、地震防災対策特別措置法、被災者生活再建支援法が制定されるとともに、茨城県東海村での臨界事故（1999年）を踏まえて原子力災害対策特別措置法が制定された。さらに、東日本大震災を受けて広域巨大災害への対応が求められ、想定を超えた「低頻度巨大災害」に対する脆弱さが露呈し、減災の考え方を取り入れた、災害に強い地域づくりが求められた。

1　防災行政の特徴

　こうした防災行政の歴史から、我が国の防災行政の特徴を以下の点に整理できる。第一に、治山治水といった国土保全というハード施策の視点からコミ

ュニティ対策といったソフト施策に取り組む地域防災の考え方にシフトしている。第二に、想定可能な日常災害から想定外で低頻度の巨大災害への対応が求められているので、災害による被害ゼロを目指す防災から、ある程度の被害が生じることを前提に人命などを優先する減災という考え方に発想が転換している。第三に、国や自治体による行政主導の防災から、住民、企業、コミュニティ、ボランティアといった多様な主体で取り組み住民協働の防災に転換することが強く求められている。

2 防災行政の役割分担

　災害対策基本法では、国、都道府県、市町村の責務を次のように規定している。
　国は「防災基本計画」の作成・実施、自治体等の業務の総合調整、経費負担の適正化などを担当する。都道府県は、「都道府県地域防災計画」の作成・実施、市町村の業務の支援と総合調整を担当する。市町村は、「市町村地域防災計画」の作成・実施、消防機関、水防団等の組織の充実などを担当する。防災行政は一義的な責任は市町村にあるとされ、市町村が対応できない場合は都道府県、都道府県、市町村が対応できない場合は国が対応していく補完性の原則に則った役割分担になっている。巨大な復旧・復興には多大な予算が必要なためリスク分散の意味でも財政面は国が中心になるべきであろう。

3 時系列的対応

　防災行政は、防災行政を時系列的に整理すると、①災害予防、②災害応急対策、③災害復旧対策の3つの区分に整理できる。

(1) 災害予防

　平常時の災害予防については、災害対策基本法は、防災組織の整備、防災訓練、防災物資・資材の備蓄、相互応援措置などソフト施策を中心に定めている。
　個別法でも、津波・地震に関しては、大規模地震対策特別措置法が、水害に関しては、河川法が、火山災害に関しては活動火山対策特別措置法が制定されている。
　災害予防に関しては、地域がどのような災害リスクの可能性があるかを見定

めるリスク設定と、災害時にどの程度の被害が生じるかを把握し優先順位付けを行うことが重要である［永松、2008年、p.203］。

　従来はこれらの検討は科学的に行われるべきとして、一部の専門家と行政職員で対応してきたが、低頻度の巨大災害には、十分なデータがないために、技術面・費用面からの対策が困難であり、情報を公開し、住民等の意見を取り入れて検討することが大切である。つまり、災害リスクのレベルに合わせた複数の想定をしておくことが重要であり、想定外の事態が生じてもその場の判断で被害を最小限にとどめる危機管理が重要である。

（2）災害応急対策

　災害が発生した応急対策については、災害救助法が定めている。都道府県は、応急仮設住宅等の供与、食品、生活必需品の供与、貸与、医療・助産、被災者の救出、生業に必要な資金等の給与、貸与などを行うこととされており、市町村も重要な役割を果たすことになっている。個別法でも、消防法、水防法、自衛隊法、警察法などで必要な規定が定められており、捜査、救助における**警察・消防の役割、大規模災害での自衛隊の役割**は大きい。

　とりわけ大規模災害では、物資の提供と職員の派遣により、国の役割と自治体間の連携は不可欠になる。さらに、被災者の支援や避難場所の運営等については、コミュニティの互助的活動、ボランティアの支援が不可欠であるが、災害直後は、身近なものによる救助（自助・共助）に依存せざるを得ない。

　また、応急対策では、平常時と異なる状況、危機管理（crisis management）の下で迅速な意思決定が求められる。感染病対策やテロ対策を含めて重要性が注目されており、危機管理監など警察や自衛隊出身者を任用した例や専門に担当する組織を設置する自治体もある。

（3）災害の復旧・復興

　災害の「復旧」（元通りにもどす）・「復興」（災害を受けた地域社会を再び活力を取り戻す）について、一般法は制定されていない。東日本大震災の復旧、復興については、東日本大震災復興基本法・復興特区法を制定して土地利用規制を緩和したり、復興交付金に基づいて復興事業を支援している。

　しかしながら、自治体が対象事業を束ねて一括して事業計画を作成しても、交付決定時の個々の事業には、所管官庁の交付要綱に縛られ、従来型の縦割りの国庫補助金の域を超えないため、自治体の作成する事業計画の総合性が損なわれるという課題が指摘されている。計画策定過程の事前調整にも時間・労

力が割かれている点も問題視されている。復興交付金は、地域の実情を最大限反映され、迅速に事業執行できるよう、使途のより自由な財源措置が望まれる。
[岩﨑忠「縦割り構造・事前調整が復興を阻んでいる」『イミダス解体新書』集英社、2013年3月29日号]。

また、嵩上げ、高台移転、土地区画整理、防潮堤設置などまちづくりの方針に住民間の合意形成が難しい、用地測量・買収などに携わるマンパワー不足などの課題があり、復興はまだまだである。特に福島については、福島復興再生特別措置法に基づいて各種の事業が進められているが、帰宅困難区域、除染作業、災害廃棄物の処理問題もあり、復興には課題山積である。

4　福島原発事故から得る3つの示唆
―― 専門性の限界、受益・受苦地域の関係、意思決定の迅速化

原発行政は、原子力工学の専門家・技術者が、電力会社、規制官庁、研究者などに分かれ、原子力推進という共通目標に向かって活動する政策コミュニティ（原子力ムラ）を形成して、「政官業学の四角同盟」[開沼、2011年]により情報を独占してきた。東日本大震災・東京電力福島第一原発事故により、安全神話は崩壊されたが、こうした構造の見直しが求められている。

また、都市の自治体・住民が、原発立地地域の状況に関心を持たないまま、福島県からの電力供給に依存してきたことである。確かに立地地域には過疎が進み、迷惑施設を受け入れざるを得ない社会的状況で、電源三法（電源開発促進税法、特別会計に関する法律[旧電源開発促進対策特別会計法]、発電用施設周辺地域整備法）による交付金や地元雇用のメリットはあり、安全神話のもと受け入れたとすれば、地域政策の課題として今後十分な検討が求められる。

さらに、復興庁を国会・各省庁との調整をするために東京におき、福島にも復興局（2支所）を置いて、被災自治体の相談や要望を現地でワンストップ対応しようとしたが、各省庁との調整が必要になり、各省庁の判断に踏み込むことができず、結果、縦割り構造は維持された。復興庁を既存省庁よりも格上とするため、他の省庁と意見が合わない場合に勧告することができる「勧告権」をもたせたが、復興庁が発足して5年経過した現在（2017年2月現在）一度も行使されていない現状が、格上でなく、むしろ格下を示しているといえよう。

その後、復興庁の福島復興局、環境省の福島環境再生事務所、内閣府の原子力災害現地対策本部という府省をまたぐ3つの組織を束ねる「福島復興再生総

局」（総局）を設置した。そこで解決できない課題に対応するため、「福島復興再生総括本部」を東京に設置し、復興大臣が関係省庁の局長クラスを直接指揮できる仕組みにした。これまで復興局は除染の苦情を福島環境再生事務所に取り次ぐことしかできなかったが、環境省が担ってきた除染の企画・調整機能を復興庁に移すとともに、総局の設置に伴い、復興大臣は実施主体の福島環境再生事務所の業務にも影響力を及ぼすことが可能になった。

　一方、復興大臣を中心に現地での意思決定のスピードを速めるため、環境大臣と復興大臣がツートップになって、関係省庁の局長による「除染、復興加速のためのタスクフォース」を作ったが、十分な機能が発揮されず、復興に向けた検討組織を乱立させる結果になってしまった。非常時こそ、指揮命令系統を明確化、一元化にしてスマートな組織体制に再構築すべきであろう〔(前掲) 岩崎、イミダス解体新書、2013年〕。

［参考文献］
　五百旗頭真監修・御厨貴編『大震災復興過程の政策比較分析』ミネルヴァ書房、2016
　生田長人『防災の法と仕組み』東信堂、2010年
　礒崎初仁・金井利之・伊藤正次『ホーンブック　地方自治〔第3版〕』北樹出版、2014年
　稲継裕昭・小原隆治『大震災に学ぶ社会科学第2巻　震災後の自治体ガバナンス』東洋経済新報社、2015年
　開沼 博『「フクシマ」論――原子力ムラはなぜ生まれたのか』青土社、2011年
　関西大学社会安全学部『東日本大震災復興5年目の検証』ミネルヴァ書房、2016年
　立木茂雄『災害と復興の社会学』萌書房、2016年
　中邨 章・市川宏雄『危機管理学』第一法規、2014年
　永松伸吾『減災政策論入門』弘文堂、2008年
　東野真和『理念なき復興――岩手県大槌町の現場から見た日本』明石書店、2016年
　室崎益輝ほか『災害対応ハンドブック』法律文化社、2016年

第5節
空家特措法施行後の空き家対策

1 住宅・土地統計調査結果の概要

　全国の空家等の状況は、5年ごとに調査されている。全国の空き家の状況は、「平成25年住宅・土地統計調査」によると、1958（昭和33）年に全国36万戸であったが、2013（平成25）年には820万戸と約23倍に膨れ上がっている。

　この中には、適正に管理されずに放置され、防災、衛生、景観といった住環境に悪影響を及ぼすものもある。総務省「平成25年 住宅・土地統計調査」の2014［平成26］年7月29日結果によると、住宅総数は6063万戸と5年前に比べ305万戸（5.3％）増加するとともに、居住（世帯）がない住宅（以下「空き家」とする）は、5年前に比べ63万戸（8.3％）増加、空き家率（総住宅数に占める割合）は13.5％と0.4ポイント上昇し、過去最高になった。別荘等の二次的住宅数は41万戸であり、二次的住宅を除く空き家率は12.8％である。また、一人暮らし老人は552万戸と過去最高を更新し、前回調査よりも33.5％増（139万世帯）であり増加率が特に高いこともあり、空き家予備軍も拡大傾向にある。

2 空き家がもたらす社会的問題と増加する要因

　空き家は、居住環境がないため、ごみの不法投棄がなされ、悪臭の発生にもつながることもある。また、防災・防犯機能も低下しているため、火災が発生する場合もあり、さらに建物の倒壊などの事故の増加を招く恐れがある。

　こうした空き家が増加する要因としては、主に、住宅市場の需給バランス、すなわち、人口が減少しているにもかかわらず、新しい住宅が提供されているためと考えられるが、以下の点も要因である。

　まず、遠方に住んでいて、コミュニティの目が気にならないので管理する意識が低いといった所有者の認識に起因する面や、居住していない建物の維持管理費用まで捻出する余裕がないとする経済的な要因がある。

また、未登記の場合、相続人が特定できないため所有者が特定できない等といった行政的な要因もある。さらに、空き家対策の場合、自治体内部もしくは自治体間の各部署からの情報を受けることが有効であるが、地方税法第22条（秘密漏洩の禁止）、地方公務員法第34条（秘密を守る義務）、個人情報保護条例（目的外利用の原則禁止）※などにより空き家対策担当部局が情報入手困難といったことや、住宅が建設されている土地には、地方税法上、住宅用地に関してその課税標準は、本来の課税標準額の3分の1に軽減され（同第394条の3の2第1項）、200平方メートル以下の住宅敷地である土地は、固定資産税の6分の1になる（同条第2項）といった住宅用地特例が講じられている。このように、固定資産税が減額されるため、建物を除却し更地にすると特例措置がなくなり、税負担が増加してしまうといった税制的な要因もあった。

　さらに、建築基準法施行前に建設された住宅の場合、幅員4m以上の道路に2m以上接しなければならない（現行法第43条第1項）いう条件が満たされなければ、新築することはできないといういわゆる無接道道路の問題といった法的な要因もある。

　こうした空き家に対しては、危険防止のための危険な家屋の撤去の促進と中古物件の住宅市場の活性化が必要となる。

3　危険防止のための建築物撤去の促進

　国土交通省の調査によると、2014（平成26）年4月1日現在、和歌山県と354市区町村が条例制定をしており、このうち184市区町村が代執行規定を設けている注1。条例の流れとしては、秋田県大仙市を例にすると、適正管理義務を課し、情報を入手し、実態調査・立入調査をして、助言・指導、そして勧告した後で、命令し、代執行という流れである。

　危険防止のために建築物撤去を目的とした条例については、①千葉県市川市の空き家条例のように、特定行政庁注2を設置する市が建築基準法を施行するために内容を補足する法律実施条例で制定しているケースと、②特定行政庁の有無にかかわらずに独立して課題に対応する独自条例の場合がある。特定行政庁が設置している例として秋田県大仙市の空き家対策条例があり、それ以外の市町村が策定している例として、秋田県美郷町の空き家対策条例がある。美郷町の場合、特定行政庁は秋田県である。

※　例えば、東京都の「個人情報の保護に関する条例」の規定は、「実施機関は、保有個人情報を取り扱う事務の目的を超えた保有個人情報の当該実施機関内における利用（「目的外利用」）をしてはならない」（第10条）

この特定行政庁は、過失がなくて命令の相手が確知できないとき、相当の期限を定めて当該措置が期限内に行われないときは代執行をする旨の公告をした上で代執行できる（建築基準法第9条第11項）のである。通常の行政代執行の場合は、措置命令など義務を課すことが前提になるため、事前に命令の相手方を確定する必要があるが、簡易代執行制度は手続きを簡略化することができ、空き家のように所有者が不明な場合には有効な手段になる。特定行政庁が都道府県の場合は、都道府県との関係・役割分担が重要になる。

　また、撤去費に対する補助制度について、毎日新聞がアンケート調査したところによると、条例制定している355自治体のうち325自体から回答を得たなかで、撤去費の補助制度があると回答したのは96自治体（3割）で、制度がないと回答したのは221自治体（7割）となり、補助制度をもつ96自治体のうち55自治体が実施している注3。行政代執行とともに、補助制度をもつことは、他の要因により行われる行政代執行との関係で公平性に欠けると考えられるし、老朽化しているが危険でない建物と、老朽化しているが危険な建物との線引きを、明確に判断する専門的な見地が必要になるであろう。

　次に、空き家対策を民法上の**「事務管理」**（民法第697条※）により行うことも可能か検討すると、自治体が空き家対策に行う措置は、本人のためでなく、空き家周辺の地域住民のために自治体の事務として行うものなので民法上の事務管理として考えることは難しい。

　さらに、公共のために建物を撤去したのだから、その土地を自治体が買い取った上、コミュニティハウス・福祉施設などとして建設し、地域の集会場として活用したり、また、民間企業に土地の有効活用を斡旋することも考えられる。撤去を促進させる意味でも、今後は、老朽化建築物の撤去後の土地の有効活用をいかに行うかが課題となる。

4　国の対策（空家特措法制定・税制改正）

　不適切な管理を巡っては、全国市長会が「直接かつ容易に解体撤去等が行える法整備」を要望していたこともあり、自民党の空き家対策進議員連盟は「空家等対策の推進に関する特別措置法」（＝「空家特措法」）を成立させた。

　法案（2014年4月9日現在）では、放置すれば、安全上危険な空き家を「特定空家等」と定義している。法案では、市町村長が空き家に入って調査する権

※　第1項「義務なく他人のために事務の管理を始めた者は、その事務の性質に従い、最も本人の利益に適合する方法によって、その事務の管理をしなければならない」、第2項「管理者は本人の意思を知っているとき、又これを推知することができるときは、その意思に従って事務管理をしなければならない」

限を付与するとともに、「特定空家等」の除却や修繕などを助言・指導・勧告・命令できることを盛り込んだ。命令が履行できない場合は行政代執行ができることや、所有者が確知できない場合にも建築基準法と同様の規定をした[注4]。

特定行政庁の権限をすべての市町村に適用することは、建築主事がいない自治体からは反発が予想されたので、都道府県との関係を中心に整理すべきであっただろう。加えて、命令に反したり、立ち入り調査を拒否すれば過料を科す罰則規定を設けた。また、2015（平成27）年度税制改正により特定空家等に係る敷地について、固定資産税等の住宅用地特例の対象から除外することとなった。2016（平成28）年税制改正では、相続して一定の期間内に空き家を売却すると譲渡所得税の特別控除が受けられるようになった。いずれの税制改正も空き家化の予防、空き家の流通・活用等を推進する施策といえよう。

さらに、市町村長が固定資産税などの情報を必要な程度で利用できる固定資産税情報の内部利用（東京都特別区と都税事務所との間を含む）等が可能となったことや、市町村が空き家に関するデータベース整備等に努めることが盛り込まれた。

5　空家特措法制定後の自治体の空き家対策

こうした適正に管理されていない空き家については、周辺住民の生命・身体、

図表2-3　空家特措法の施行状況

1. 空家等対策計画の策定状況

	市区町村数	比率
既に策定済み（公表済み）	107	6%
策定予定あり	1340	77%
平成28年度（10月2日以降）	378	22%
平成29年度	304	17%
平成30年度以降	33	2%
時期未定	625	36%
策定予定なし	294	17%
合計	1741	100%

3. 法定協議会の設置状況

	市区町村数	比率
設置済み	251	14%
設置予定あり	827	48%
平成28年度（10月2日以降）	168	10%
平成29年度	168	10%
平成30年度以降	11	1%
時期未定	480	27%
設置予定なし	663	38%
合計	1741	100%

2. 特定空家等に対する措置の実績

	市区町村数	措置件数
指導・助言	280	5009
勧告	47	137
命令	6	7
代執行	4	4
略式代執行	16	18

〔注〕2016年10月1日時点、国土交通省・総務省調査、調査対象1788団体（47都道府県、1741市町村）、回収数1788団体（回収率100パーセント）　　〔出典〕国土交通省

又は財産の保護・生活環境の保全を図り、空き家の利活用を促進することを目的にして、「空家等対策の推進に関する特別措置法」(以下「空家特別措置法」という) が、2015 (平成27) 年5月26日に完全施行された。この空家特別措置法においては、空き家の適切な管理について、空き家の所有者又は管理者が第一次的な責任を有することを前提としつつ、住民に最も身近な行政主体であり個別の空家等の状況を把握することが可能な市町村が地域の実情に応じた空き家に関する対策の実施主体として位置づけられた。

今後、多くの市町村は協議会を設置し、空き家等対策計画を策定した上で、危険な特定空家等に対する必要な措置（助言又は指導、勧告、命令、代執行等）を講じていくことになる。

6 自治体の助成制度

空き家の助成制度は大きく分けて解体費補助、リフォーム補助に分けられる。

(1) 高崎市の助成制度

群馬県高崎市では、①空き家管理助成金、②空き家解体助成金、③空き家解体跡地管理助成金、④地域サロン改修助成金、⑤地域サロン家賃助成金、⑥

図表 2-4　高崎市助成制度（目的に合わせた7種類の制度）

(単位、千円)

目的	制度の種類	制度の概要	上限額	H26年申請件数(助成金額)
管理	制度① 空き家管理助成金	空き家の通風・通気・通水や空き家の敷地内の除草などにかかった費用の2分の1を助成	20万円	35件(2,031)
解体	制度② 空き家解体助成金	周囲に危険を及ぼす恐れのある老朽化した空き家の解体にかかった費用の5分の4を助成	100万円	162件(148,564)
解体	制度③ 空き家解体跡地管理助成金	空き家解体後の敷地の除草などにかかった費用の2分の1を助成	20万円	2件(400)
活用	制度④ 地域サロン改修助成金	空き家を高齢者や子育て世代、趣味のサークルなどが気軽に利用できるサロンとして改修する場合、改修費用の3分の2を助成	500万円	13件(45,360)
活用	制度⑤ 地域サロン家賃助成金	空き家をサロンとして借りる場合、家賃の5分の4を助成	月額5万円	5件(1,440)
活用	制度⑥ 空き家活用促進改修助成金	空き家を居住目的で購入して改修する場合、または居住目的で賃貸して改修する場合、改修費用の3分の1を助成	250万円	5件(6,293)
活用	制度⑦ 定住促進空き家活用家賃助成金	倉渕・榛名・吉井地域で特に人口減少地域に立地する空き家に居住を目的に借りる場合、家賃の2分の1を助成	月額2万円	0
				222件(224,088)

(出典) 高崎市資料「広報たかさき 2015年9月号」より筆者一部加筆

空き家活用促進改修助成金、⑦定住促進空き家活用家賃助成金の7つの制度を、2014（平成26）年6月から始め、平成26年度の申請数は222件があり、制度②の解体助成が最も多く162件、続いて空き家の管理のための助成35件と続いた。さらにサロンとしての活用も申請されてきており、空き家が、人が集う交流の場として利用されつつある。例えば、コミュニティーセンター、未就学児ママの育児支援、活躍を目的としたサロン、発達障害の子どもを持つ親に対してのサロン、ミニ集会場、高齢者のいきいきサロンなどに活用されている。また、空き家管理助成金といった空き家の通風・通気・通水や空き家の敷地内の除草などに助成されている点が特徴である。

空き家の補助事業として全体で222件、2億428万円が助成されているが、そのうち解体補助は全体の7割強にあたる162件、1億4856万円が助成されている。これは、上限が100万円というものの解体費の5分の4助成という点で危険な空き家を所有者・管理者は解体するインセンティブを与えているといえる。

（2）前橋市の助成制度

群馬県前橋市では、空き家対策事業の推進のために、2015（平成27）年7月1日から、3事業5種類の補助制度を創設した。

(イ) 空き家の活用支援事業であり、①空き家のリフォーム補助（居住支援）は、空き家を住居として活用するための改修工事に対し、工事費の3分の1を限度にして、100万円を限度に行うものである。加算制度として、転入加算(20万円)、子育て世帯支援加算・若年夫婦加算（それぞれ10万円）などがある。

②空き家のリフォーム補助（特定目的活用支援）は、空き家を学生、留学生などの共同住宅や、地域のコミュニティスペースなどの「まちづくりの活動拠点」として活用するための改修工事に対し、工事費の3分の1以内（限度額200万円）で助成するものである。

また、(ロ) 空き家等を活用した二世代近居、同居住宅支援事業があり、これは、高崎市にはない移住促進にもつながる補助制度といえる。

①二世代近居・同居住宅建築工事費補助であり、親または子と1km以内に近居又は同居のために、土地及び空き家を購入し、その空き家を除却して、住宅を新築する工事に対し、工事費の3分の1を限度として、基本額と上記加算額を合算した額を助成するものである。②二世代近居・同居住宅改修工事費補助であり、親又は子と1km以内の近居又は同居するため、空き家を改修する

図表2-5　前橋市空き家対策補助制度の実績
(平成27[2015]年7月1日～平成28[2016]年2月24日までの実績)

区分	申請件数	金額	
空き家リフォーム	17件	内訳 基本額 加算額 （転入加算対象者） （子育て加算対象者） （若年夫婦加算対象世帯）	16,589,000円 14,747,000 1,842,000 21人 8人 1件
二世代近居・同居	15件	内訳 基本額 加算額 （転入加算対象者） （子育て加算対象者） （若年夫婦加算対象世帯）	23,096,000 17,996,000 5,100,000 15人 12人 10件
老朽・空き家	82件	内訳 基本額 加算額 （駐車場） （建物等建築）	14,342,000 8,200,000 6,142,000 9 20件
合計	114件		54,027,000円

※事前相談件数213件　　　〔出典〕前橋市資料を筆者が一部修正

工事費に対し、工事費の3分の1を限度にして、基本額120万円と上記加算額を合算した額を助成するものである。

　さらに、(ハ) 老朽空き家等対策事業であり、1981（昭和56）年5月31日以前に建築した住宅で倒壊などのおそれがあり、又は、将来的に特定空き家となる可能性がある空き家の解体工事に対し、解体費用の3分の1を限度として、基本額10万円と加算額（a）又は（b）のいずれかを合算した額を助成するものである。

　　（a）解体後の跡地を駐車場として整備した場合：10万円
　　（b）解体後の跡地に住宅、店舗などの建築物を設置した場合：40万円

　以上のように前橋市の空き家の助成制度は、転入、子育て、若年夫婦などを対象に助成しており、さらに、加算してリフォーム、二世代近居・同居のための助成を行い、人口減少化のための地方創生の一翼を担っているといえよう。さらに、老朽化した空き家の除却補助も解体後の跡地利用について加算することで、土地の有効利用を図ろうとする点で評価できよう。

(3) 相模原市の助成制度

　神奈川県相模原市では、2014（平成26）年4月から、①空家売却等の流通

促進に向けた支援（流通支援）、②適正管理のための手続代行支援（業務代行）、③危険な空家解体費の助成支援（解体費助成）を実施している。

解体費助成の流れとしては、不良住宅に該当し、放置され、周辺住民等に被害を与えるおそれのある空き家であり、対象者が解体する意思があり、市税の滞納がない場合で、空き家を解体し、敷地を更地にする場合、解体費の5分の4（上限80万円）の助成制度がある。この助成制度は、制度が作られてから1件も利用されていないのが現状であろう。一方で、流通支援、業務代行の利用はある。つまり、市場で解決しようとする努力がなされており、行政が介入する余地が少ない地域ということも言えよう。

（4）京都市の助成制度

京都市では、空き家の賃貸や売却を条件として、修繕・模様替え、家財の撤去の一部について、最大30万円（京町家の場合は60万円）の補助を、地域住民の交流の場や芸術家のアトリエ、留学生の住まいといった京都市の各種政策目的に敵った活用方法については、最大60万円（京町家の場合90万円）の補助を行っている。平成26（2014）年度、27年度で合計138件助成している。また、「まちなかコモンズ整備事業」として、密集市街地において、老朽化した建築物を除却し、跡地を地域の防災のひろばとして整備する場合に、除却費用（上限100万円）と整備費用（上限200万円）を補助しており、未密集市街地・細街路対策と関連して跡地利用を促進している。このような空き家の有効活用につなげる補助のスキームは評価すべきである。

さらに、空き家をまちづくりの資源として捉えて、新しい活用方法を提案するプロジェクトを公募し、公開審査を経て選定したプロジェクトに対して改修費用等として最大500万円を補助する「空き家活用×まちづくり」モデル・プロジェクトがある。これまでも平成26年度には空き家を改修し、コミュニティスペースと住居兼アトリエとして再生したものなど4件を選定した。平成27年度には、「留学生おこしやす部門」と「中山間地域の魅力発信部門」を設けて、都市と農村、地域住民と若者の拠点兼カフェとして空き家を活用するプロジェクト3件が採択された。

空き家の有効活用について、自治体行政だけで検討するのではなく、市民からの提案・知恵を活かそうとする取り組みは、京都市のほかに群馬県前橋市でも「ここにあるタカラもの空き家空き地コンペ（2016年4月）」なども開催されており、こういった取り組みは、今後各地で拡がることを期待したい。

7 中古物件の住宅市場の活性化

　人口減少化社会を反映して、空き家が放置される事態を防止し、利活用を図ろうと、空き家情報を集め、空き家バンク制度を行う自治体は増えているが、自治体ごとに運用しているため、自治体の区域内に限定され、サイト仕様が異なり、検索しづらいといった課題がある。今後は「民間物件サイト」との連携などを含め広域な対応がのぞまれる注5。

　一方、民間が積極的に関わっている奈良県のNPO法人「空き家コンシェルジュ」が 県内の空き家の管理や移住希望者とのマッチングを行う。長野県佐久市では地元不動業者と連携して、月1回程度首都圏でセミナーを開催するなど空き家情報を紹介している。さらに世田谷区では福祉や地域コミュニティ拠点づくりなど公益目的で空き家を利用する企画を募集し、改修費など最大200万円の補助を行っている。このように、官だけでなく、官民・地域が連携して居住促進に取り組み空き家対策を行うことが今後求められるであろう。

(1) 千葉県流山市「住み替え支援、ワンストップ相談体制」

　千葉県流山市では、住み替え支援制度といって、広い家を持て余して手離すことを検討しているシニア世帯と、子育てのために安くて広い中古住宅に住み替えを希望する子育て世帯とが、自治体の窓口を通じてマッチングを図る制度がある。具体的には、市内の不動産業者及び建設業者、市内及び近隣市の設計業者がつくる「住み替え支援組織」は、住宅・マンションの情報、リフォームの提案、リフォーム工事の見積もりなどを提供する。

　利用者は、複数の「住み替え支援組織」から自分たちを支援してくれるチームを任意に選ぶことができる。各種相談を1箇所でできるため、不安や負担は軽減され、最終的に条件が合えば、支援組織の各業者と契約を結ぶことで、物件調査から入居までワンストップで支援を受けることができる点が特徴である［西口・帖佐・秋山・霜垣、2016年、pp.132-133］。

(2) 京都市の「総合コンサルタント体制」と外部不経済情報の提供

　京都市では、総合的なコンサルティング体制の整備を図るとともに、地域と連携した空き家対策、空き家改修の補助金制度などを実施して、空き家の活用・流通の促進を行っている。

　個人所有の空き家に対して、活用しようとして誰に相談していいのかわからない、信頼のおける不動産事業者を知らないという市民の意見を反映して、空

き家所有者が気軽に相談できる総合的なコンサルティング体制を行うことにした。具体的には、京都市内の不動産事業者に京都市が実施する研修を受講してもらい、「地域の空き家相談員」として登録し、無料で空き家所有者等の相談に応じてもらう制度を実施している。現在、約300名が相談員として登録している（＝「地域の空き家相談員制度」）。

　また、賃貸用又は売却用として流通していない一戸建て・長屋建ての空き家を活用・流通させようとする所有者に対して、必要な助言や情報提供を行う専門家を派遣している。具体的には、建築士又は「地域の空き家相談員」を空き家所在地に派遣し、空き家の劣化状況等の診断と空き家の状況を踏まえた活用と流通等に関する助言等を無料で行っている。平成26年度27年度に合計93件の派遣を行っている（＝『空き家活用・流通支援等専門家派遣制度』）。

　さらに、地域の自治組織が、まちづくり活動として空き家に関する取り組みを行う場合に活動費の助成や活動のコーディネーター役の派遣といった支援を行っている。具体的な活動としては、地域住民や空き家所有者向けのセミナー・相談会の開催、「まちあるき」による空き家所有者への活用提案である。最終的に空き家所有者と入居希望者のマッチングにより地域に人を呼び込む。地域コミュニティの活性化につなげていこうとする取り組みであり、現在、市内24団体がこの制度を活用している[注6]。

　また、京都市では、外壁材等の落下による死亡事故（想定）による民事上の工作物責任による賠償額は5000万円になるという試算を示す『空き家の便利帳（2015年3月）』を作成し、空き家問題の外部不経済、所有者自己責任を強調している点は大いに参考になるであろう。このような所有者の工作物責任（民法717条）を啓発する取り組みは、新潟市のウエブサイト「知っておきたい建築物の管理責任」や神奈川県相模原市のパンフレット「あなたの空き家大丈夫ですか」でも市民の啓発に活用されている[注7]。

8　空き家発生の予防対策

（1）富山県高岡市の「相談体制と不動産管理代行」

　富山県高岡市では、富山県・高岡市・(社)高岡市宅地建物取引業協会高岡支部、(社)富山県建築士会高岡支部、富山県司法書士会高岡支部、富山県土地家屋調査士会高岡支部からなる「高岡市空き家活用推進協議会」を立ち上げ、住

まいの総合相談所の実施及び周知広報、意見交換会や研修の実施による相談体制の充実、空き家維持管理サービスの提供、空き家活用会議や町内会懇談会を通じた行政への政策提案などを通じて相談体制を充実させている。

特に、高岡市空き家活用推進協議会では、空き家の所有者から依頼を受けて空き家の通気や通水、屋内清掃等の「空き家管理サービス」等を行う業者の紹介などを強化している。こうしたサービスは、不動産事業者のほかに、警備会社、不用品回収・遺品整理業者、NPOなどが行っており、管理代行することにより所有者と信頼関係が構築できれば、将来的に売却につながることからもビジネスとして拡がりを見せている。一方、横浜市では、シルバー人材センターと横浜市が空き家管理協定を締結するなど高齢者の就業確保につなげる拡がりを見せている。

（2）京都市の「固定資産税通知書とリンクした啓発チラシと出前講座の活用」

京都市では、空き家についての意識を広く市民の間で醸成し、予防や活用・流通の促進、適正管理へとつなげるために、「市民しんぶん」などによる普及啓発を実施するとともに、空き家所有者に対する個別的・直接的・能動的な働きかけを実施している。例えば、平成28年度から、市内在住者を含む家屋（空き家を含む）の所有者に対して啓発を行い、所有者の責務、空き家を放置することの危険性、空家特措法に基づく勧告の対象となった場合の固定資産税等の住宅用地特例の取り扱い、京都市の空き家の活用に係る補助制度などを内容とした空き家に関する啓発チラシを固定資産税通知書に同封している。

また、空き家が長時間放置される要因の一つとして、相続登記がなされず、活用や処分をしようと思っても関係権利者が多数にのぼり合意形成できないといったことある。こうしたことから、権利関係の複雑化予防を目的として、司法書士と京都市職員が出向いて「遺産分割や相続登記に関するミニ講座」を無料で開催したり、「おしかけ講座」を平成26年度、27年度に合計41回開催したりしている[注8]。

今後は、自治体が相談された空き家等の所有者や管理者に対して積極的にアプローチし、話し合いの「場」をもつことで、所有者と管理者とともに、売却か、除却か、再利用か等といった空き家への対応を一緒に考える機会をもつことに繋げるべきである。この場合、自治体職員としては、用地買収担当職員のような不動産取引、税、土地利用など空き家対策に有用な知識が求められる。自治体がこのような場を持つことで、所有者と管理者は安心して今後の対応を考え、

決断できるといえよう。京都市のように所有者や管理者に積極的に出向いて「アウトリーチ（outreach）型」の積極的な空き家対策を行うことは、今後の他の自治体の参考になるであろう。

9 自治体の空き家対策の検証と4つの政策手段

空き家対策について、いかなる手段を講じていくべきかについて、権力的な手段、経済的な誘因の提供、情報による対応、組織による対応の4つの手段に分けて効率的かつ効果的な手段について考察していくことにする。

自治体の空き家対策を分析する軸として、危険度の「高」「低」による分析軸と空き家の密集度が「高」「低」の分析軸を縦軸と横軸に設定することができる（**図表2-6参照**）。

第1象限は、「危険度が高く・空き家の密集度が高い」という地域である。この地域には、積極的な自治体の介入が必要とされ、個別に対応していては有効な危険な空き家対策とならない状況であり、土地区画整理事業等「面的な整備・解決法」が期待される。

第2象限は、「危険度が高く・空き家の密集度が低い」という地域である。この地域には、積極的な自治体の介入が必要とされるが、密度が低いために、個別に危険な空き家を撤去する「点的な強制手段」すなわち「個別対応型手段」が有効な手段となる。行政代執行・解体費補助などが有効な手段となるが、他の政策に利用する場合との比較検討、すなわち、公平性・平等性、モラルハザード問題への対応に配慮する必要がある。

第3象限は、「危険度が低く、空き家の密集度が低い」という地域である。この地域では、空き家予備軍の予防的な調査を重点的に行い、空き家化を予防する。空き家予備軍への対応、相続時の意向調査を実施し、少ない空き家の有効利用を考え、

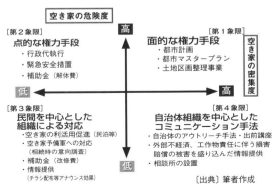

図表2-6　空き家に対する自治体の行政手段

〔出典〕筆者作成

公共用地とするとか、民間への売却を念頭に考案する。この場合、幅広く空き家対策の必要性を強調するチラシの配布等も一つの案である。

　第4象限は、「危険度が低く、空き家の密集度が高い」という地域である。この地域には、危険な空き家にならないような方策が講じられることが期待されるが、空き家の数が多いため、効率的な対策が望まれる。すなわち、空き家関係者に対して自治体の積極的なアウトリーチを行い、外部不経済情報・工作物責任に伴う損害賠償情報の積極的な提供を行い、市民の空き家問題に対する関心（危機感）を高め、空き家相談所の開設などして住民と一体となった空き家対策を推進していく必要がある。老朽化防止のメンテナンス、住み替え住宅相談（高齢者と若者との間のミスマッチ）なども考えられる。

10　今後の空き家対策

　空き家については、危険であり公共的見地から除却（じょきゃく）する必要性がある場合に限り、これまでも代執行は行われてきているが、解体費を全て回収できない場合は、税が投入されることになる。仮に解体費を回収できない状況が常態化した場合、空き家の所有者又は管理者は、空き家を放置すれば自治体が勝手に壊してくれると考えるようになり、モラルハザードを引き起こす可能性がある。さらに、解体費補助制度等を含め、こうした税による対応がますます行われれば、空き家が増加していく今日、将来的に自治体が財政難に陥る一つの要因になるといった懸念すらある。

　このようなモラルハザード対策としては、空き家の所有者に、空き家を放置すると、大幅な負担増につながる点を強調する必要がある。例えば、固定資産税の特例が適用されなくなることに伴う負担増の可能性、空き家の老朽化に伴う改修などのための費用負担増の可能性、自己所有の空き家が与える外部不経済の情報と工作物責任に伴う損害賠償の可能性等を十分に認識させ、所有者自らが、空き家対策を重点的に行うように誘導することが重要である。過去に、自転車が高齢者と接触し、損害賠償請求された事例を広くアピールしたことから、自転車保険の加入率が高まった事例があったことからもこうした情報提供は有効な施策となり、モラルハザード問題の解消に向けた有効な施策になるといえよう。一方で、自治体は適正に管理されていない空き家をできるだけ作り出さない施策を重点的に進める必要がある。すなわち、空き家化の予防、空き

家の流通・活用、空き家に係る跡地利用等といった施策であり、こうした施策は、不動産、建築、法務、金融等それぞれの専門的な民間団体やシルバー人材センター、NPO団体、自治会等の地域組織と連携し、さらにボランティア、学生等と協働しながら地域が一体となって取り組むことが期待される。

　このように、自治体は、空き家対策として、さまざまな手段を講じることが考えられるが、まずは、地域での解決、民間主導（市場）での解決を考える考えるべきであろう。つまり、民間団体・地域組織等が情報交換・検討していく「場」を設定したり、地元自治組織や民間の不動産関係団体（司法書士会、不動産鑑定士会、土地家屋調査士会など）と協力して、空き家の所有者と管理者と相談できる体制をつくり上げていくことが大切である。その上で、空き家の数が増え、空き家の密集度が高まれば、自治体が積極的に関与し、危険度が高い空き家が出てきたときにはじめて、権力的手法により代執行を行ったり、経済的なインセンティブを活用して補助金を交付し、建築物を取り壊したりすることを考えるべきであろう。さらに、空き家の密集度が高く、危険な空き家も多くなれば、自治体として、地域の意見を尊重して、地域一体となったまちづくり政策の一つとして「面的な空き家対策」に取り組んでいくことが重要であろう。

注1）　2014年7月30日読売新聞記事
注2）　特定行政庁とは、建築主事を置く自治体及びその長のこと。建築確認の申請、違反建築物の是正命令などの建築行政全般を行う行政機関（建築基準法第2条第35号）。
注3）　2014年9月21日毎日新聞記事
注4）　この代執行には、①命令したにもかかわらず履行期限までに改善が見込めない場合は、特段の要件なく代執行できる「緩和代執行」と、②所有者不明等の場合に代執行できる「簡易代執行」がある。
注5）　一般社団法人「移住・交流推進機構が全国の市町村に調査したところ、374市町村で空き家バンクを導入していると回答。前回調査（2009年9月）の1.5倍になった。
注6）　矢田部衛「京都市の「総合的空き家対策」」『都市政策（第164号）』みるめ書房、2016年7月、pp.31-40
注7）　損害の資産は、日本住宅総合センターの「空き家発生による外部不経済の実態と損害額の試算による調査（2013年5月）」のデータに基づくものである。この調査では、シロアリ、ネズミの駆除被害が発生した場合の損害額（23.8万円）等も試算している。
注8）　前掲注6

［参考文献］
　　北村喜宣「空き家対策の自治体政策法務（一）（二・完）」『自治研究第88巻第7号、第8号』2012年、pp.21-47、pp.49-79
　　北村喜宣「空家対策特措法案を読む（一）」『自治研究第90巻第10号』2014年、pp.3-26
　　北村喜宣・米山秀隆・岡田博史『空き家対策の実務』有斐閣、2016年
　　西口元、秋山一弘、帖佐直美、霜垣慎治『Q&A自治体のための空家対策ハンドブック』ぎょうせい、2016年
　　米山秀隆『空き家急増の真実』日本経済新聞出版社、2012年

第6節
いわゆる「ごみ屋敷」対策

　自宅の敷地に大量のごみなどをため込む、いわゆる「ごみ屋敷」は、ごみの放置に伴い、放火の恐れ、病虫害、悪臭の発生、ごみなどの不法投棄が誘発され、ごみが道路にはみ出したり、汚染された雨水が土壌を汚染するなど、通行への支障や交通事故を誘発している。こうしたことから風景・景観が悪くなり、周辺地域の平穏な生活環境を悪化するのみならず、地震災害時に被害が大きくなる可能性もある。

　このようなごみ屋敷は、地域に著しい迷惑、言い換えれば「外部不経済」をもたらすため、近隣住民と住人（堆積者）との関係が悪化したり、住人が孤立化する傾向がある。このため、ごみ屋敷の住人（堆積者）である高齢者、生活困窮者、障がい者、精神疾患者は自ら解決を見出すことができずに、生活環境が悪化、不衛生化がますます進む可能性がある。ごみ屋敷の住人（堆積者）は、生活困窮者の一例であろう。

　本稿では、こうした「ごみ屋敷」問題に対して、今後どのように自治体として対応していくべきか、まずは、現在の法環境の現状と課題を整理し、これまでの自治体の対応状況を考察した上で、今後の自治体の対応を考察したい。

1　既存法令の現状（法環境）

　ごみ屋敷に対する自治体の対応を考察する前に、既存法令の現状（法環境）を概観しておく必要がある。

（1）廃掃法

　「廃棄物の処理及び清掃に関する法律」（以下「廃掃法」という）第5条第1項は「土地又は建物の占有者（占有者がない場合には、管理者とする。以下同じ）は、その占有し、又は管理する土地又は建物の清潔を保つように努めなければならない。」としており、同条3項は、「建物の占有者は、建物内を全般にわたつて清潔にするため、市町村長が定める計画に従い、大掃除を実施しなければ

ならない。」としている。また、同条4項は「何人も、公園、広場、キャンプ場、スキー場、海水浴場、道路、河川、港湾その他の公共の場所を汚さないようにしなければならない。」と規定しており、ごみを道路にはみ出して放置することはこの義務に違反することになる。これについては、軽犯罪法第1条第27号の「公共の利益に反してみだりにごみ、鳥獣の死体その他の汚物又は廃棄物を捨てた者」に該当するとして、抑留または科料に処すことが可能である。また、廃掃法第16条には、「何人も、みだりに廃棄物を捨ててはならない」と不法投棄を禁止する規定があるので、これに違反すると、同法第25条により刑罰が処される可能性がある。ここで問題なのは、ごみ屋敷の「ごみ」を「廃棄物」に認定できるかが問題になる。この問題に取り組んだのが福島県の郡山市条例である。

（2） 悪臭防止法

ごみから発生する悪臭を悪臭防止法で規制できるか検討すると、第1条「……工場その他の事業場における事業活動に伴って発生する悪臭について必要な規制を行い、……」と規定していることから、「ごみ屋敷」は事業活動をしていないことから、法適用外ということができる。

（3） 道路交通法

ごみ屋敷から道路に出されているごみは、通行の支障になったり、交通事故の誘発のおそれがある。そこで、道路交通法第76条3項「何人も、交通の妨害となるような方法で物件をみだりに道路に置いてはならない。」を適用することは可能であるが、ごみ屋敷のすべてのごみを処理できるわけではないので、限界がある。

以上の点から、法律では限界があるので、自治体は法律に規律していない内容を定める自主条例制定の可能性を検討しなければならない。

本稿では、これまでの自治体の対応について、自治体の条例の制定状況を調査し、分析することで、今後の自治体対応を考察したい注。

2 廃棄物処理の観点からの条例規制

2006年の福島県郡山市の「ごみ屋敷」事件は、自宅4軒すべてをごみ屋敷にした事例である。最終的には、青年会議所が120人ものボランティアを募り、片づけたようである。合計37台分（28.55トン）のごみが出され、埋め立て分5.1トンを含めると、合計で33.65トンのごみが出されたことになる。

その後、郡山市では、「郡山市廃棄物の適正処理、再利用及び環境美化に関する条例」の改正を行った。2006年の事例が、住人（堆積者）が街を歩いてごみを集めてくるといった性癖があったことから、排出ごみの持ち去りを禁止したのである（同条例第29条の２）。そして、廃棄物収集を禁止し、違反者に命令を出すことができるようにし、従わない場合は罰則が与えられたのである。

　この点については、最近では、静岡県沼津市では、集積所ごとに見回りを置いて監視している。東京都板橋区では、後を絶たない第三者による資源物の持ち去りに対して、「東京都板橋区廃棄物の発生抑制、再利用の促進及び適正な処理に関する条例」を改正して「集積所に出された資源物（古紙、びん、缶、ペットボトル等の再利用を目的として収集している物［条例第２条第２項第４号］）は、区及び区長が指定する事業者以外のものは、収集又は運搬をしてはならない」と規定している（条例第34条の２第１項）。青色防犯パトロールカーを使用した巡回パトロールを実施し、資源物の持ち去りを発見した際には、収集又は運搬を行わないように、警告書を交付している。それ以降も繰り返す者には、命令書の交付を行い、それでも続ける者には氏名・住所等の公表及び警察との連携による告発を行い20万円以下の罰金刑に処するとしている。さらに、常習者には50万円以下の罰金刑を処するとした。この他、商工組合と連携して2014（平成26）年１月からGPS（Global Positioning System／全地球測位システム）による古紙持ち去り追跡調査を実施している。GPSによる資源物の持ち去り調査は、区がGPSを装着した古紙の束を集積所に置き、この資源物が持ち去られた場合、GPSにより受け入れ施設や輸送ルートを特定し、今後当該持ち去り事業者から古紙を買い取らないよう指導することで、持ち去り行為の根本を解決し、撲滅を図るものである。

　一方、長野県安曇野市では、ごみ袋に地区と氏名を書いて出す記名を義務付けているが、憲法第13条に保障されるプライバシーとの問題があるばかりか、個人情報、プライバシーとの関係でごみを捨てるのを躊躇してしまい、ごみ屋敷が増える原因になるという見方もあり、ごみ袋記名、開封の施策は今後検討を要するといえよう。

3 生活環境保全の観点からの条例規制

(1) 荒川区良好な生活環境の確保に関する条例

荒川区では、特定区民による給餌が行われ、区職員が中止要請をしても行為を中止しなかった。常軌を逸した異常な餌やり行為は、生活環境の悪化をもたらした。そこで荒川区では「荒川区良好な生活環境の確保に関する条例」を制定し、対応することにした。この条例で禁止したのは全ての餌やり行為ではなく、餌やり行為により不良状態を生じさせる行為と廃棄物等により所有する土地や建築物の周辺を不良状態にする行為である。この条例の適用には、荒川区生活環境審議会（＝審議会）を設置し、様々な段階で審議する手続きになっている。

例えば、被害が発生している周辺住民からの申し出があると、区が実態調査を実施し、必要がある場合は審議会の意見を聴いたうえで当該土地・建築物への立ち入り調査を行う。立ち入り調査を拒み、質問にも応えない場合は10万円の罰金を課すことにした。また、区は、実態調査や立入調査の結果、周辺住民の生活環境に係る被害を防止する必要があると判断した場合は、対象者に勧告する。勧告に従わないと審議会の意見を聴いて対象者に期限を定めて命令を出す。この命令に違反した場合は、5万円以下の罰金、氏名の公表もできることとした。このほか、同条例では、行政代執行の規定も置き、強制的にごみを処理できる選択肢が用意されている。

(2) 足立区生活環境の保全に関する条例　（図表2-7）

東京都足立区は2012年10月に区内にあるごみ屋敷に対処するため、生活環境保全条例（通称、ごみ屋敷条例）を制定した。職員の立ち入り調査、区長の指導・勧告、命令及び代執行などが規定されている。また、正当な理由なく命令に従わないときは、規則で定める事項を公表するとし、足立区生活環境の保全に関する条例施行規則（平成24［2012］年11月30日規則第76号）第6条には、(1) 命令に従わない者の住所及び氏名又は法人の所在地及び法人名、(2) 命令の対象である土地等の所在地、(3) 命令の内容とし、同条第2項で、「区長は、前項に規定する公表を行おうとするときは、当該公表の対象となる者に対し、公表前弁明機会通知書により、事前に意見を述べる機会を与えなければならない」とした。

また、不良状態の解消が義務者において困難である場合は、支援を行うことができる（条例第11条第1項）とし、支援の内容は、規則第9条で、(1) 所有者等の同意に基づく、区による不良な状態の解消、(2) 不良状態の解消に関し、

図表2-7　足立区生活環境の保全に関する条例

1 足立区生活環境の保全に関する条例（平成25年1月1日施行）

【目的】　区内における土地・建築物の適切な利用や管理に関し、必要な事項を定めることにより、良好な生活環境を保全し、区民の健康で安全な生活を確保します。

【所有者等】　土地または建築物を所有、占有、又は管理する者。

【調査、指導・勧告】　適正管理が行われていない土地や建物等の所有者等を調査します。土地や建物等が近隣に被害を及ぼしていると認めたときは、指導・勧告を行います。

【審議会】　区の対応方針について第三者の意見を求めるため、医師や弁護士、区民団体の代表を含む「生活環境保全審議会」を開催します。※裏面参照

【委託・支援】　自ら状況改善できない場合、所有者等の了解の下、区がごみの処分を代行し、求償します。ごみ等撤去協力団体等へ一定の謝礼を支払います。※裏面参照

【命令・公表・代執行】　指導・勧告を行ったにもかかわらず改善されない悪質な場合、命令・公表を行います。正当な理由なく命令に従わない場合、代執行します。

2 ごみ屋敷対策への苦情受付及び解決累計件数（累計 532 :解決 402 ）

年度		ごみ	空き家	その他	計		空き家
24	受付	55件	28件	48件	131件	受付	96件
	解決	15件	11件	23件	49件	解決	96件
25	受付	18件	46件	38件	102件	受付	115件
	解決	29件	35件	50件	114件	解決	111件
26	受付	35件	51件	65件	151件	受付	112件
	解決	15件	39件	61件	115件	解決	107件
27	受付	41件	66件	41件	148件	受付	115件
	解決	26件	56件	42件	124件	解決	112件
累計	受付	149件	191件	192件	532件	受付	438件
	解決	85件	141件	176件	402件	解決	426件
〔率〕		〔57.0%〕	〔73.8%〕	〔91.6%〕	〔75.5%〕		〔97.2%〕

3 対策状況　28年3月末日現在対策中130件

	ごみ	空き家	その他	計		空き地
調査中	3件	10件	2件	15件	調査中	8件
指導中	57件	38件	13件	108件	指導中	4件
勧告	5件	2件	0件	7件	勧告	0件
命令	0件	0件	0件	0件	命令	0件
計	65件	50件	15件	130件	計	12件

4 支援等の実施状況（条例制定後）

支援の実施	2件	樹木伐採、　ごみ片付け	H25.3 H26.2	1,014,000
協力団体への謝礼	4件	樹木伐採、　ごみ片付け	H25.5・6・9 H26.5	158,000

（千円未満切り上げ）

5 事業の進め方 （イメージ図）

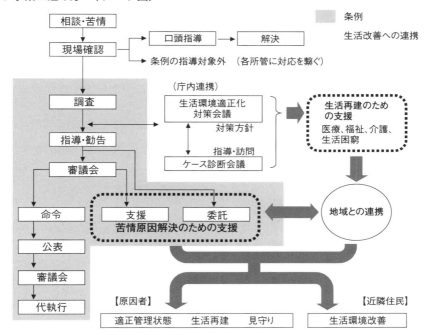

[参考]

☐生活環境保全審議会委員構成

弁護士、医師、学識経験者、足立区町会・自治会連合会役員、足立区民生・児童委員協議会役員、まちづくり推進委員会役員、社会福祉協議会職員、区職員(6人)、計13人

☐支援等

◆町会・自治会やNPO等が片付けに協力していただける場合（協力団体への謝礼金）
（1人につき）半日：3,000円、1日：5,000円　（1団体）50,000円限度

◆区が支援（直接実施）を行なう場合
○支援の種目：雑草の除去、樹木の剪定・伐採・処分、廃棄物の処分等
○支援の限度：1世帯につき1回を限度、1種目50万円限度、合計100万円限度

〔出典〕足立区環境部生活環境保全課ごみ屋敷対策係資料

区に協力する団体等に対する支援とした。具体的な支援の内容は、主に次の3点である。第一に、庁内連携による社会生活（生活再建）の支援である。福祉、衛生、道路管理部門等とのケース診断会議による生活支援相談のメニュー作成と指導及び支援が該当する。第二に、町内会・自治会等ボランティアへの支援である。ごみ出しや分別に協力していただける団体への有償ボランティア制度

である。必要物品の貸与及び支給、謝礼（限度額５万円）の交付である。第三に、区が業者委託による不良な状態を解消するものであり、１事案につき、区負担額限度額は100万円である。ただし、１回限りである。

　足立区条例の大きな特徴は、このような「支援」の規定を設けたことである。支援について、自治体は、地方自治法第232条の２「……公益上必要がある場合は、寄付又は補助をすることができる」により、条例に根拠がなくても助成を行うことができる。また、住民の権利や制限するあるいは住民に義務を課すような侵害行政の場合は条例に根拠を置く「侵害留保説」が一般であるが、ごみ屋敷のケースの場合、税金を使って助成するものであれば条例に根拠に設ける「重要事項留保説」の立場を支持すべきである。ただし、「公益上必要がある場合」に限って補助する必要があり、公益上必要性がないと違法になるので注意されたい。

4 安全・安心なまちづくりの観点からの条例規制

　奈良県平群町（へぐりちょう）の「平群町安全で安心な町づくりに関する条例」は、安全・安心なまちづくりを目的としており、防犯上の問題として規制している。

　「廃棄物をみだりに放置すること」を迷惑行為として、警告、命令が出せる仕組みを条例に規定している。この条例制定の背景には、平群町在住の女性が、２年半にわたり大音量の音楽を流すなどの方法で騒音を出し続け、それにより近所に住む夫婦が不眠・めまいなどで通院させる事態を生じたことにある。条例の第８条では、「町長は、第５条の行為者（環境基準を超える騒音を発するもの、廃棄物をみだりに放置するもの）に対し、迷惑行為防止に必要な措置をとることを命ずることができる。」と定めており、命令の規定をおいている。ここでの命令は、「ごみを放置することを禁止する」という内容の不作為義務を課す命令である。代替作為義務については行政代執行法という一般法があるが、不作為義務については、これを強制しようとする場合、現在は一般法がないので、根拠規定の整備が今後求められる。

5 福祉的支援の観点からの条例規制

　横浜市は、「横浜市建築物等における不良な生活環境の解消及び発生の防止を図るための支援及び措置に関する条例」を2016（平成28）年９月26日に制定、

同年12月1日に施行した。この条例では「ごみ屋敷」化の原因は様々で、この問題が認知症、加齢による身体機能の低下などに起因していることから、ごみを片づけるだけでなく、問題解消に向け当事者に寄り添った福祉的支援を基本に据え、支援に必要な調査をすることとした（図表2-8）。

具体的には、①不良な生活環境の解消に関し、相談に応じ、必要な情報の提供及び助言を行う。②地域住民、関係機関、その他の関係者と協力して、不良な生活環境の解消を自らできない住民（堆積者）に対して、堆積物の撤去などの支援を行う。③撤去などの費用は住民（堆積者）が負担することとなるが、経済的、身体的、精神的な事由に該当する場合など必要と認められる場合は減免することとした。

一方で、周辺住民の生命・財産に深刻な影響を及ぼすおそれがあるにもかかわらず、再三の働きかけに応じない場合があることから、指導や調査等を可能にし、解消が難しい場合、勧告、命令することができるとし、最終的には強制的に撤去し、費用を住民（堆積者）から徴収する代執行を盛り込んだ（図表2-9、2-10）。

このように実効性の確保手段としては、代執行規定を盛り込んでいるが、荒川区条例のような罰則規定や荒川区・足立区のような公表規定を盛り込んでいないのが特徴である。あくまで福祉的支援を基本としている。罰則や公表は、周辺住民の満足度が低い点のみならず、本人の再発防止（ごみを堆積してしまう）を抑制する効果も薄いと考える（図表2-11）。このため、ごみ屋敷対策の実効性確保手段を純化することは妥当であろう。

図表2-8　横浜市の「ごみ屋敷」対策の全体概要
（いわゆる「ごみ屋敷」対策全体のイメージ）

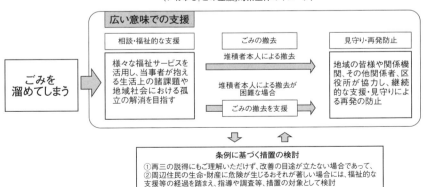

〔出典〕横浜市HPより

図表 2-9　横浜市の「ごみ屋敷」対策の措置概要

① 調査等 ※1	市長は、堆積者、建築物等の所有者及び官公署に対し、必要な調査をし、又は報告を求めることができる。また、職員に、当該建築物等に立ち入り、調査させ、又は関係者に質問をさせることができる。
② 指導	市長は、書面により、堆積者等に必要な指導を行うことができる。
③ 勧告	市長は、指導を行ったにもかかわらず、不良な生活環境が解消しないときは、期限を定めて、堆積者等に必要な措置をとることを勧告することができる。
④ 命令	市長は、勧告を行ったにもかかわらず、不良な生活環境が解消せず、不良な状態が著しいと認めるときは、期限を定めて、堆積者等に措置を命じることができる。
⑤ 代執行 ※2	市長は、命令が履行されず、その不履行を放置することが著しく公益に反すると認めるときは、行政代執行法の定めるところにより、必要な措置を自ら行うことができる。
⑥ 審議会	市長は、命令又は代執行を行おうとするときは、事前に審議会の意見を聴かなければならない。

※1 立入調査については、住居不可侵の原則から、本人が拒否した場合には、強制的に立ち入ることはできない点に留意が必要。

※2 行政代執行法において、代執行は「他の手段によってその履行を確保することが困難であり、かつその不履行を放置することが著しく公益に反すると認められるとき」に限り可能とされている。

図表 2-10　条例に基づく措置手続きの流れ

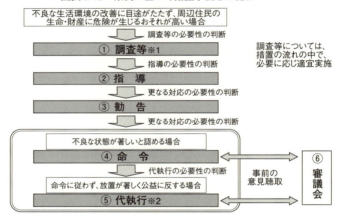

〔出典〕図表 2-9、2-10 ともに横浜市 HP より

図表 2-11　ごみ屋敷対策における住人（堆積者）と周辺住民に対する行政手段の相関関係

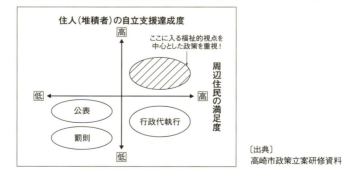

〔出典〕高崎市政策立案研修資料

6 今後の法的な課題

(1) 法的課題
①簡易代執行・即時執行、公示送達

　ごみ屋敷になっていても、所有者がそこに住んでいる場合は、その者に片付けを求めたり、命じたりすればいいが、所有者が判明しない場合や空き家であった場合にどうするかである。簡易代執行制度があるが、過失がなくその措置を命ぜられるべき者を確知することができず、かつ、その違反を放置することが著しく公益に反すると認められるときに認められる代執行であり、河川法や道路法には規定されている。簡易代執行は条例では根拠を置けないと考えるので、法律に根拠規定を置く必要がある。

　一方で、即時強制による解決を図ることが考えられる。即時強制とは、相手方に義務を課さないで直接実力行使する制度で、条例に根拠をおけばできると解される。

　2014年11月に制定された「京都市不良な生活環境を解消するための支援及び措置に関する条例」は、第13条に「不良な生活環境に起因して、人の生命、身体又は財産に危害が及ぶことを避けるため緊急の必要があると認めるときは、これを避けるために必要最小限の措置を自ら行い、又はその命じた者若しくは委任した者に行わせることができる」と規定した。また、2016年9月に成立した「秋田市住宅等の適正な管理による生活環境の保全に関する条例」は、第11条に緊急安全措置として「管理不良な状態にある住宅等が及ぼす地域住民の生活環境への悪影響を看過ごすことができないときは、当該悪影響を除去するための必要な措置を講じることができるもの」と規定した点はそれぞれ注目できる。

　また、行政代執行のもとでは、民法や民事訴訟法の一般的な公示送達をすると、一定期間経ったところで相手方に送達したものとみなされるので、相手方に義務が課されたとして代執行を行うことも可能である。しかしながら、命令に従わない場合に、最高裁判所は、宝塚市のパチンコ条例において、「地方公共団体が行政権の主体として民事訴訟を提起することは特別に法律の規定がない限り認められない」という判決（最判平成14［2002］年7月9日民集56巻6号1134頁）を出しているので、民事訴訟を提起して義務を履行できないと考えるべきである。つまり、公表や代執行などによる方法しかないのが現状である。

②相手方の有責性

　行政処分の場合、相手方に故意または過失があるか、事理弁識能力があるかを問わず、命令を出しても従わなければ代執行しても構わないが、処分の内容が制裁的な性格である場合、相手方の有責性が前提になると考えるべきである。また、刑事罰の場合、心神喪失状態の場合は刑事責任を問えない点が課題となる。

（2）自治体政策としての課題

　以上のように各地で条例制定され、ごみ屋敷について撤去できる手続は整備されつつある。2015年には京都市で2014年11月に施行された条例に基づき私有地に放置されたごみの強制撤去が全国で初めて実施された。自治体は、強制的な手法が制度化されるとそれに依存しがちであるが、抜本的な解決につながらないと考える。住人がごみをため込む要因としては、過度の収集癖は別として、精神疾患や認知症、通常の生活を行う意欲や能力を喪失した状態に陥るセルフネグレクトなどが考えられ、核家族化、高齢化の進行によって一層の増加が懸念される。

　そういう意味では、住人がゴミ屋敷を作り出してしまった原因について地域で話し合う場を持つことが大切であろう。大阪府豊中市は2005年から社会福祉協議会と連携して社会福祉協議会のコミュニティソーシャルワーカーが中心になって地域と関わりの中で解決を図っている。ごみを撤去できない理由は高齢化や認知症、経済的負債等様々であるが、強制ではなく本人の同意を得て介護サービスに繋げていくことも大切であろう。ゴミを撤去するだけのその場しのぎの行政ではなく、たとえ時間はかかるかもしれないが、原因をしっかりと追究して解決につながる行政が展開されることに期待したい。

注）
毎日新聞調査（2016年6月から7月に実施）によると、ごみ屋敷関連条例がある市区としては、栃木県宇都宮市、東京都足立区、荒川区、大田区、品川区、新宿区、杉並区、世田谷区、京都市、大阪市、神戸市、北九州市の12市区となっている。また、ごみ屋敷を巡る（福祉部門と廃棄物を扱う環境部門との）連絡会議や専門部署がある市区は、前橋市、東京都足立区、江戸川区、新宿区、杉並区、世田谷区、練馬区、横浜市、川崎市、山梨県甲府市、静岡市、名古屋市、京都市、大阪市、神戸市、奈良市、島根県松江市の17市区となっている。また、調査時点の関係で、秋田市、横浜市、板橋区、練馬区も近く条例制定予定とされている（2016年10月23日毎日新聞記事）。

［参考文献］
宇賀克也編著、辻山幸宣・清永雅彦・山本吉毅・島田裕司著『環境対策条例の立法と運用――コミュニティ力再生のための行政・議会の役割 ごみ屋敷対策等の実効性を確保する（地域まちづくり資料シリーズ――地方分権）』地域科学研究会、2013年

第7節 自治体の生活困窮者自立支援

1 生活困難者自立支援法制定の背景

　近年の経済・雇用環境を反映して、働いているにもかかわらず生活が立ち行かない稼働層（ワーキングプア）や人口の高齢化に伴う無年金・低年金高齢者が増えており、生活保護受給者は増加傾向にあるため、国や自治体への財政負担が増加することは避けられない状況である。

　このような状況を背景として、生活保護費に対する国及び自治体の財政負担（国負担4分の3、自治体負担4分の1）を削減するため、厚生労働省は、2013（平成25）年8月1日から「生活保護法による保護の基準」を（第69次）改正し、生活扶助基準を中心に保護費削減のための基準の見直しを実施した[注1]。この保護基準については、国が決定するため、自治体の裁量の余地はない。

　一方で、国は、経費削減だけを行うのではなく、生活保護受給者の増加を事前に予防するために、生活保護のような現金支給だけでなく、自立して生活できる積極的な就労支援を行うことが必要であると考え、生活困窮者自立支援法及び改正生活保護法を、第185回臨時国会で成立させ、2013年12月13日に公布し、2014年4月に施行した[注2]。

2 生活困窮者自立支援法の概要

　生活困窮者自立支援法における「生活困窮者」とは、「現に経済的に困窮し、最低限度の生活を維持することができなくなるおそれのある者」（第2条）をいう。そして、生活困窮者に対し、自立相談支援事業の実施、住居確保給付金の支給その他の支援を行うことで、生活保護に至る前の段階の自立支援策の強化を図るものである。

（1）事業の概要

　生活困窮者に対する自立の支援としては、必須事業として、①自立相談支援

図表 2-12　生活困窮者支援事業の種類と自治体の負担割合

事業の性格	事業名	自治体の負担割合
必須事業	①自立相談支援事業	4分の1
	②住居確保給付金の支給	4分の1
任意事業	③就労準備支援事業	3分の1
	④一時生活支援事業	3分の1
	⑤家計相談支援事業	2分の1
	⑥学習支援事業	2分の1

〔出典〕筆者作成

事業（就労その他の自立に関する相談支援、事業利用のためのプラン作成等）と、②住居確保給付金（離職により住宅を失った生活困窮者等に対し家賃相当額）の支給がある。これ以外に、任意事業として、③就労に必要な訓練を日常生活自立、社会生活自立段階から有期で実施する「就労準備支援事業」、④住居のない生活困窮者に対して一定期間宿泊場所や衣食の提供等を行う「一時生活支援事業」、⑤家計に関する相談、家計管理に関する指導、貸付のあっせん等を行う「家計相談支援事業」、⑥生活困窮家庭の子どもへの「学習支援事業」その他生活困窮者の自立の促進に必要な事業がある。

また、都道府県知事等（都道府県知事、政令指定都市長、中核市長）は、事業者が、生活困窮者に対し、就労の機会の提供を行うとともに、就労に必要な知識及び能力の向上のために必要な訓練等を行う事業（＝「中間的就労」）を実施する場合、その申請に基づき「一定の基準に該当する事業であること」を認定する。

（2）費用負担

それぞれの事業における国及び自治体の費用負担（第9条）については、**図表2-12**のとおりである。任意事業は、必須事業に比べて自治体の負担割が大きいため、事業の充実は自治体の財政状況に大きく左右されることになる。

このため、必須事業を先行実施し、他の自治体の動向を参照しながら、任意事業を実施する自治体もあると考えられる。また、行政サービスの増加に伴い業務量が増加する一方で、人件費削減が求められ、福祉事務所の職員を増加する余裕はない。そこで、事業費補助に加えて人件費補助を行わない限り、充実した事業の実施は見込めないであろう[注3]。最終的には自治体間の格差が生じるおそれがある。

（3）実施主体

　また、これらの生活困窮者支援事業は、自治体が直営するほか、福祉事務所を設置しない町村の場合に都道府県が実施主体になることも可能であり、さらに、社会福祉協議会や社会福祉法人、NPO等への委託も可能である。業務量が増加し人員増が見込めない中、業務を直営から民間委託に変更し、自ら実施する自治体から舵(かじ)を取る自治体に変わる必要がある。

　自治体を基軸にソーシャルワーカー、地域住民、社会福祉協議会、NPO、地元企業等が連携し、生活困窮者支援対策に取り組んでいく必要がある。

3　今後の課題

（1）生活困窮者自立促進支援モデル事業の評価

　全国各地で2013（平成25）年から事前準備のために、「生活困窮者自立促進支援モデル事業」が実施されている。21道府県、11政令指定都市、7中核市、30区市の合計69自治体が、生活困窮者支援の制度化に向けた計画的な体制構築に取り組んでいる[注4]。

　釧路市では、2005年から先行して自立支援プログラムを実施しており、生活保護受給者の自尊感情を回復させるため、地域のNPOなどが各事業者と協力し、有償・無償ボランティア活動等を通じて受給者の居場所づくりを進めている。日常生活意欲向上支援プログラム、就業体験的ボランティアプログラム、就業体験プログラム、就労支援プログラム、その他のプログラムの5つのプログラムがある。具体的には、廃材分別作業、授産施設作業体験、公園の管理、介護施設・農園でのボランティアなどである。こうしたプログラムをきっかけに、新たな就業の場の発掘につながったり、再就職への道が開けたり、その人なりの自立した生活が営めるようになることを目標としている。このプログラムを通じて、2013年度の生活保護率は18年ぶりに低下し、効果が徐々に表れている[注5]。今後は、こうした全国のモデル事業の実施状況について評価を行い、より良い事業を創出することがのぞまれる。

（2）就労支援事業の受入先を監視すること

　また、中間的就労は、最低賃金が保障されてなくボランティア活動の延長として行われる場合が多いので、安価な労働力として「貧困ビジネス」として悪用される懸念がある。このため、受け入れ先の選定を慎重に行い、職業訓練実

施中の定期的なモニタリングなど、業務監視をしっかりと行うことが求められる。

（3）包括的、継続的な支援の必要性

　生活困窮者に対しては待っていても相談に来ないし、就職先を紹介しただけでは雇用につながらないし、お金を貸しても自立できなければ焦げついてしまう可能性がある。生活困窮の原因が、アルコール依存症、摂食障害、うつ、ひきこもり、虐待、浪費癖、介護疲れなど、様々な問題が複合的に絡み合っていることが多い。このため、生活困窮の実情を十分に把握して、懇切丁寧に訪問（アウトリーチ）を重ね、金銭面、就職活動にもきめ細かな支援が必要である。

　自治体としては、生活保護が必要な人には迅速に生活保護制度を適用し、一方、生活保護前のセーフティーネットで救済が可能な生活困窮者には、ソーシャルワーカーや地域関係機関等が連携し合って、包括的かつ継続的に粘り強く支援することが求められる。

（4）長野県松本市の福祉・介護用品仲介システム

　長野県松本市では、2017年1月から家族で使われなかった福祉・介護用品を募り、希望する市民に無償譲渡する仕組みを開始した。経済的に困窮していて、介護用品をそろえられない家族を支援するのが目的である。このように自治体がプラットホーム、つなぎ役（「場」）を設定する点は注目できる。今後は、さらに介護経験者とこれから介護を始める人との交流が図られ、苦労と喜びなどの経験談を交換できる「場」になることが期待される（第2章第3節参照）。同様の取り組みは、札幌市、鹿児島市の社会福祉協議会でも実施されている。

注1）生活保護基準は、厚生労働大臣の定める基準による（生活保護法第8条第1項）。
注2）岡部 卓「生活困窮者自立支援法と生活保護法改正」『ガバナンス（2013年11月号）』
　　ぎょうせい、pp.18-20 参照
注3）今井 伸「生活困窮者自立支援法の制定と自治体業務」『ガバナンス（2013年11月号）』
　　ぎょうせい、p.27
注4）厚生労働省資料「新たな生活困窮者自立支援制度に関する説明会（2013年12月10日）
　　資料」p.20
注5）「釧路の生活保護率18年ぶりに低下」2014年5月1日北海道新聞記事

第8節
子ども・子育て支援新制度

　急速な少子化の進行、核家族化、高齢化、地域での人間関係の希薄化などにより、子育ての孤独化、負担感が増加している。また、都市部では保育所に入れない深刻な待機児童問題が顕在化している。

　このような背景のもとに、2012（平成24）年8月に子ども・子育て関連3法（子ども・子育て支援法、認定こども園法の一部改正法、児童福祉法の一部改正等関係法律の整備法）が成立し、2013年の4月から新制度が施行された。

　この目的は、全ての子ども、子育て家庭を対象に、幼児教育・保育・地域での子ども・子育て支援の質・量の拡充を総合的に推進することにある。国は、子ども関連の制度が所管ごとに異なっていた点を改め、一括して内閣府に子ども・子育て支援本部を設置した。まずは、国が子ども・子育て支援の関係者や当事者が子育て支援の政策形成過程に参加できるように「子ども・子育て会議」を設置し、自治体に関しては、地方版子ども・子育て会議が努力義務として規定された。

　市町村は、この地方版子ども・子育て会議を定めた場合は、その意見を聴きながら、子ども・子育て支援事業計画を策定し、実施することになる。この子ども・子育て支援事業計画は、5年間の計画期間における幼児期の学校教育・保育・地域の子育て支援についての需給計画であり、子ども子育て家庭の状況及び需要の調査・把握を行い、「量の見込み」と「確保方策」・「実施時期」を明確化させることになるが、「質」をいかに確保するかがポイントになる。

　また、地方版子ども・子育て会議は、自治体における子供の支援に関する総合的かつ計画的な推進に際し、必要な事項及び当該施策の実施状況（子ども子育ての支援状況）について調査審議することとされており、継続的な点検・評価・見直しを行っていくことが期待される。

1 認定こども園（幼保連携型）

認定こども園(幼保連携型)は、認可・指導監督を一本化し、学校及び児童福祉施設として法的に位置付けた。また、子育て支援事業の実施主体を基礎自治体とし、基礎自治体による「保育・教育の必要性の認定」と「給付の仕組み」を一元化した。

従来は、幼稚園が入園者を選ぶのが基本であったが、この制度では、保育所や幼稚園に入るためには、各家庭は、「保育」もしくは「教育」の必要性の認定を市町村からもらうことが必要とされ、認定されたら全員が利用できる仕組みである。幼稚園の場合は「1号」（3〜5歳で教育のみ）、保育が必要で保育所などを希望する場合は「2号」（3〜5歳で保育も利用）、「3号」（0〜2歳児で保育も利用）と認定を受ける。また、保育所や幼稚園などの給付対象施設、小規模保育などの給付対象事業を利用する際には事前に認定証の交付を受ける必要がある。

認定こども園（幼保連携型）は、内閣府が所管するようになったため、国による事業者への補助金の支出方法が変更され、園児が多ければ義務的人件費は減らせるなど、園児1人当たりの補助額が削減されるため、保育料が上昇する。また、消費税増税の見送りにより財源が不透明である。この財源不足分を市町村が補助できるかどうか、市町村の財政力次第である。このため、内閣府の「私立幼稚園（認定こども園を含む）の子ども・子育て支援新制度への移行に関する意向調査の結果（2014［平成26］年9月29日）」によると、幼稚園の中で認定こども園に移行する（検討を含む）と回答したのは全体の2割に留まっており、認定こども園移行には慎重であった。さらに、全国認定こども園協会の調査によると、366会員のうち、回答した234園のうち21園が認定を返上して、こども園をやめると回答していた[注1]ことからも、認定の返上という事態は予測できた。

2 給付の仕組み

給付の仕組みは、個人に給付される子ども・子育て支援給付と自治体に交付される地域子ども・子育て支援事業の2つである。

子ども・子育て支援給付は、現金給付（児童手当）と教育・保育給付に分けられる。教育・保育給付には、認定こども園、幼稚園、保育所が対象となる

「施設型給付」と、（19人以下の）少人数単位で０～２歳の子どもを預かる小規模保育、家庭的保育、居宅訪問型保育、事業所内保育が対象となる「地域型保育給付」がある。

　まず、「施設型給付」は、認定こども園、幼稚園、保育所が対象となる。幼稚園には私学助成費と就園奨励費、保育所には保育所運営費、認定こども園の幼保連携型の場合には、その両方が支給されていたが、これが施設型給付として一本化された。施設型給付を受ける場合は、それぞれの施設の市町村の確認が必要になる。幼稚園の中には、施設型給付を受けずに自治体から私学助成費をもらう選択をする場合も想定できる。幼稚園、保育所はそのまま継続するか、認定こども園（幼稚園型、幼保連携型）に移行するか選択することになった。

　小規模保育や保育ママといわれる家庭的保育、居宅訪問型保育（障害・疾患など訪問するだけの理由があるか、施設が不足しているエリアで個別ケアが必要な場合）、事業所内保育は、児童福祉法に市町村による地域型保育事業として位置付けられ、地域型保育給付の対象とし、多様な施設や事業の中から利用者が選択できる仕組みになった。とりわけ、事業所内保育は、労働しやすい環境を作ろうとする事業者側も要望しており、Win-Winの関係にあるといえよう。

　さらにこうした地域型保育には、待機児童の多い都市部で、主に３歳未満の低年齢児に多様な保育を増やす可能性があり、一方で過疎化が進み、子供の数が減っている地域で、認定こども園や保育所を設置しなくても保育が可能になるという点で期待される[注2]。またフルタイムだけでなく、パートや在宅の勤務、求職活動中の人も保育を利用できるようになったことは評価できるだろう。

3　利用できる要件

　保育が利用できる要件が広がり、必要といえる条件は、フルタイムだけでなくパートや在宅の仕事、求職活動中も含まれる。市が認められる場合として、緊急事態と判断するような場合を想定するのか、検討の余地があろう。フルタイム勤務なら１日最大11時間利用できる「保育標準時間」、パートなど短時間労働者でも８時間の「保育短時間」の認定が受けられる。条件が全国で統一され、都市部はフルタイム勤務でも入れないという状況が是正された。

　さらに、市町村は０～２歳児対象の「小規模保育」（定員６～19人）や「家庭内保育」（定員１～５人）など新たな保育事業を導入できるようになり、国

の給付を受けることができるようになった。待機児童だけでなく、子どもが減る過疎地域でも地域事情に応じた保育を行えると期待ができる。

4 地域子ども子育て支援事業

自治体に交付される地域子ども・子育て支援事業は13事業であるが、このうち3事業（利用支援、費用助成、参入促進）が新規事業として新たに加わった。まず、利用者支援事業は、横浜市の保育・教育コンシェルジュ（2015［平成27］年に保育コンシェルジュから名称変更）のように、地域情報をもって、なんでも相談に応じることができる人をいかに確保するかが課題であろう。次に、実費徴収に係る補足給付を行う事業は、どのようなものを対象にするか市町村に任されており、どこまで維持してくれるか事業者側の最大の関心事である。さらに、多様な主体が参入することを促進する事業は、民間活力を発揮できるかについて議論する必要がある。

5 今後の課題

2013年4月に始まった子ども・子育て支援新制度は、国の財源裏付けが不透明の中で、幼稚園・保育園の人材確保とそのために必要な要素（働きやすさ、給与、研修、教育体制の整備）の基盤整備にどこまで踏み込むか、利用者支援事業を具体的に行う保育コンシェルジュのような人材と拠点をどのように獲得するか、さらに、地域の包括支援センターのような相談体制をいかに構築するか、単なる待機児童解消だけでなく、教育・保育の質的な保障をどのように実現、評価、維持していくか、検討すべき課題は山積み状態である。

注1）2014年12月28日読売新聞記事
注2）前田正子『子ども・子育て支援新制度』ミネルヴァ書房、2014年、pp.37-39

第9節 人口減少化時代の地方創生

1　国主導の地方創生

　地方創生は、「2040年、地方消滅。「極点社会」が到来する」『中央公論』2013年12月号、「消滅可能性都市896　全リストの衝撃」『中央公論』2014年6月号という増田寛也氏のレポートが火付け役になって始まった。

　政府は、経済財政諮問会議に「選択する未来」委員会を2014（平成26）年1月に設置し、その中間整理（2014年5月）で、50年後に1億人程度の安定した人口構造を保持することを目標にするように提言した。その内容は、6月に閣議決定した「経済財政運営と改革の基本方針2014（骨太の方針）」に盛り込まれ、「地方創生」に取り組む根拠となった。さらに、最終報告（2014年11月）では、今後50年間に地域が直面しうる構造変化を踏まえ、2020年頃までに重点的かつ分野横断的に取り組むべき課題と対応の方向性を取りまとめた。出生率が全国最低の東京への一極集中を是正し、人口減少を抑えるために地方活性化を求めたのである。一方で、安倍政権の重要政策課題であるアベノミクスの恩恵が地方に及んでいないという地方の不満をなだめることにもつながる[注1]。

　国は、2014年9月に「まち・ひと・しごと創生本部」を立ち上げ、同年12月は国の「まち・ひと・しごと創生総合戦略」（＝総合戦略）を策定した。一方、自治体は、2015年度中に、都道府県は国の総合戦略を、市町村は都道府県の総合戦略を勘案して、総合戦略を策定することになっていた地方創生交付金のバックアップもあり、ほとんどの自治体が総合戦略を策定した。

　今回の地方創生は、国中心のトップダウン型の政策であるが、地域によっては、「人口減少」という慢性的な生活習慣病に対して既に対策を講じてきており、何を今さらという自治体もあれば、「消滅市町村」などといったショック療法に踊らされて慌てて総合戦略を策定してきた自治体もあったように見られる。

2　地方創生関連二法の概要

　政府は、これまで地方創生について、「まち・ひと・しごと創生本部」を設置し、地方創生二法を制定した。この「まち・ひと・しごと」という順番は、なぜか「まち」が「ひと」よりも前に来ていることから、ひとを大切にしていない政策ではないかと考えることもできる。地方創生関連二法とは、まち・ひと・しごと創生法と地域再生法の一部を改正する法律であり、第187回臨時国会で成立した。

　まち・ひと・しごと創生法は、生活基盤となるサービス提供の確保、魅力ある就業の機会の創出などといった理念を示したうえで、国や自治体が目標として基本的な施策を盛り込んだ「まち・ひと・しごと創生総合戦略」（国は閣議決定、都道府県・市町村は努力義務）を作成した。

　一方、地域再生法の一部を改正する法律は、地域再生計画の活性化関連の計画の認定等について手続のワンストップ化（中心市街地活性化基本計画、構造改革特別区域計画、産業集積形成等基本計画等の計画も地域再生計画の認定で同時発効）を可能とするほか、自治体からの提案に対して内閣総理大臣が一元的に対応するとともに、自治体の要請に応じて国の職員を派遣したり、内閣総理大臣が関係省庁間を調整する等の措置を講ずることにより、関係省庁が一体となって意欲ある自治体の主体的な取組を総合的に支援するものである。このように関連２法は手続きを定めただけなので、具体的な施策は、自治体に任されている。

3　地方創生と政策法務

　現在、国主導で地方創生が進められているが、その背景にあるのは地域活力の低下である。例えば、国の法令等による全国一律の規制により土地の有効活用が困難であったため、農業漁業の衰退、製造業の海外進出などが起こり、その結果、地域経済が衰退し、耕作放棄地や工場跡地が増えてしまったことは否定できない。つまり、国が地域づくりに関して法令で細かく規制したり、省庁別の縦割りで施策を進めてきたことが問題であったといえよう。この意味では、条例制定権を拡大し、法令解釈権を拡大した分権時代の今日、法制度の抜本改革を中心とする地方分権（立法分権）を更に進め、地域性、総合性を柱とした自治体政策法務を推進する必要がある。

すなわち、従来は、「政策（法律）」を立案する国と、法律を解釈・実施する自治体「法務」というように「政策」と「法務」が分離していたが、地域性、総合性を強調する地方創生を推進する今日、「政策」と「法務」を融合した政策法務が各自治体に求められている。

4 地方創生と地方分権（分権なしに創生なし）

安倍政権になってから地方分権の優先度が低い。政府の地方分権改革有識者は、6月に「個性を活かし自立した地方をつくる〜地方分権の総括と展望」（2014年6月24日）の中で、今後は自治体からの提案募集方式と手挙げ方式により地方分権を推進するとした。2014年度に行った自治体からの提案募集について10月下旬にまとめた中央省庁の2次回答をみると、自治体が権限の移譲や規制緩和を求めた935項目のうち、実現の目途がたったのは、2割程度にすぎない。人口減少対策の柱である子育て支援にも貢献する保育所の規制緩和基準は有効であり不可欠であるが、厚生労働省は「保育の質に関する基準は一律であるべき」と反論する。また、農地を宅地などに転用する許可権限の移譲をすることで、その地域にふさわしい土地利用が可能になることが予想されるが、「農地総量を確保するのが国の責務」と厳しい姿勢を崩さなかった。

このように、国の抵抗は強い。分権改革も国主導の分権改革から地方が主体となり、地方からのアイデアが受け入れられると期待は膨らんだが、提案募集方式の結果が低調に終われば、期待が大きかった分、失望も大きい。地方からのアイデアが受け入れられなければ、地方はアイデアを出さなくなり、地方創生は進まない。地方創生は分権なくして進まないのである。

5 地方創生関連交付金

政府は、「地方創生」を推進するために、2015年度から自治体が自由に使える一括交付金を導入した。これは、民主党（当時）政権が「地域自主戦略交付金」として創設し、自民党政権になって廃止したものを復活したものである。

一括交付金は各省庁が使途を定めて自治体に交付する補助金を一本化し、自治体の裁量で自由に使えるようにする制度である。民主党政権の「地域自主戦略交付金」は、当初、自治体の使途をできるだけチェックしないように制度設

計しようとしたが、最終的には、自治体が交付対象事業を束ねて一括した事業計画を作成しても、交付決定時において個々の事業について所管省が定める交付要綱に縛られてしまい、従来の縦割りの補助金の域を超えず、自治体の作成する事業計画の総合性は損なわれてしまった。また、対象を公共事業に限定し、将来的には非公共事業に拡大する予定であったが実現しなかった。

一方、地方創生関連交付金について、財政制度等審議会財政制度分科会（2014年10月15日開催）では、「夕張市の問題の背景は観光業や産業振興のためにお金をつぎ込み、それが地域の活性化に必ずしもつながらなかった。結果、財政が破綻し、行政サービスを圧縮しなければならず、そうなると人々が他の地域に流出するということで人口減少が急速に進むという悪循環に陥っている。これからの日本でこれを繰り返してはならない。新聞等では、地方創生で何兆円、地方にお金をつぎ込むという話も出ている。しかしながら、夕張市の問題はお金をつぎ込んだが、結果が出ない、財政が厳しくなる、行政サービスが低下する、人口が減少するという、悪循環だ。……地方にお金をばらまくのは夕張市の二の舞ではないか」という意見[注2]が出され、効果検証を厳格に実施し、効果の高い政策を集中的に実施するとしており、厳格な運営により地域創生が遅延することが懸念される。さらに、地方創生関連交付金は非公共事業を対象にする予定であり、公共事業費は別途、各省庁を通じて手当する予定であり、「国土強靭化」の名の下で、大幅に増加する公共事業予算の予算配分を通じて、国が自治体をコントロールする意図がうかがえる。

6　日本版シティーマネージャー制の導入

　日本版シティーマネージャー制度とは、人口5万人以下の市町村が、中央省庁の官僚や大学の研究者を2年程度、副市町村長や幹部クラスとして受け入れるものである。そもそもシティーマネージャーとは、米国の州や自治体にいる実務経験が豊富な行政専門家のことである。職員不足の市町村は多いから、地方の人材を手厚くする意味でも国からの人的支援は歓迎されるだろう。しかし、派遣される職員が自治体の職員や地域の企業家たちと一緒になって汗を流さないでお客様気分であれば、戦力になるかどうか疑問である。むしろ、民間企業を含め、地域の経済や起業などに精通した地域でリーダーシップを発揮できる真の意味での即戦力のリーダーが中心になることが求められた。

7 　地方総合戦略の検証

　今後は、自治体を取り巻く環境をしっかりと認識した上で、チェックしていくことが重要であろう。高齢化社会が一層進展する今日、社会保障費、扶助費といった義務的経費の割合が増加し、自治体の自由な政策的経費が減少する。つまり、限られた財源、人員の中で自治体経営が求められるので、政策の優先順位を明確にして、取り組むべきであろう。

　このため、総合戦略のチェックの視点もただ単に進行管理するだけでなく、事業に工夫がみられるかどうかといった視点が求められる。すなわち、全ての公共サービスを一つの自治体が全て担う時代から、一部の公共サービスは他の自治体や民間団体と連携して行い、経費を節減するという工夫である。当然、公共サービスによっては廃止といった視点で見直すことも重要であろう。各地域では、市民との協働のまちづくりは進められているが、今後はボランティア組織への活動支援を強化し、市民による自治を積極的に推進することも望まれる。

8 　地方創生とプロモーション戦略

　各自治体ではこれまでも広報紙やホームページを通じて情報発信を地域内中心に行ってきたが、今後は、さらに自治体のアピール向上を図るため、キャッチコピーなどを用いて、全国に向けた戦略的なプロモーション活動に取り組むことが望まれる。

　例えば、流山市(千葉県)が、「都心から一番近い森のまち、流山」「母になるなら、流山市」といったキャッチコピーを作ったり、将来、駅周辺に施設ができ、街ができることを視野に入れて「流山セントラルパーク駅」※という駅に名称を変えたように、駅名も地域の名前をつけるだけでなく、地域の特徴・ビジョンを示す名前であってもいい。こうしたイメージアップのためのプロモーション活動というソフト戦略は、限られた財源、人員で自治体経営を行わなければならない今日の自治体に求められている視点であろう。

注1) 松本克夫「地方からみた「地方創生」」『地方自治職員研修（通巻669号）』公職研、 2014年12月、pp.14-16

注2) 地方財政等制度審議会財政制度分科会（2014［平成26］年10月15日記者会見）吉川分科会長の回答

※ 2005年開業「つくばエクスプレス」(秋葉原～つくば)の駅。同鉄道が「常磐新線」として計画された当初の駅名は「流山運動公園駅」。同鉄道は、東京都、茨城県、千葉県（流山市は別途出資）など、沿線自治体の出資になる首都圏新都市鉄道株式会社が運営。

第10節 自治体の総合計画

1 総合計画の特徴と構成

（1）総合計画の特徴

　総合計画とは、自治体政策の中長期的な目標や方向性を示した自治体運営の総合的な基本方針であり、意思決定するための指針であり、職員がいかに行動・思考すべきか、どのようなところに価値をおくべきかといった基準である。また、市民や関係公共団体に対しては、自治体の政策執行の「ビジョンと計画性」を体系的に説明できるツールともいえる。

　そもそも総合計画は、福祉、環境、土木、建設、医療などの各分野の政策を総合的に位置付けたものであり、「政策の束」といえる。総合計画は従来から法令の義務がなく、独自計画として策定されるものである（市町村は、地方自治法の規定で「基本構想」の策定義務があったが、2011年改正で廃止された）。2016年11月現在では、ほとんどの都道府県で策定されているが、高知県では総合計画に相当するものはなく、また、栃木県、鹿児島県では、ビジョンを策定しているが、総合計画と性格を異にしている。

　さらに、総合計画は、議会の議決等により高いコンセンサスと公共性を有するものとして期待される。

（2）総合計画の構成

　総合計画の構成は様々であるが、多くの総合計画は、基本構想─基本計画─実施計画である。基本構想は、自治体の将来像や政策の基本的な方向性を長期的に定めるものである。また、基本計画は基本構想を実現するための中長期的な視点で定めるものであり、実施計画は、基本計画を実現するための短期的なスパンで定めるものである。

　群馬県の総合計画は、基本構想と基本計画の2部構成になっている。基本構想では、人口の将来展望を示しつつ、10〜20年先を展望した基本理念と計画期間における基本目標と施策展開を定めるものである。基本計画では、基本理

図表 2-13　群馬県総合計画の構成

〔出典〕第1回群馬の未来創生懇談会（2015年9月7日）配布資料4-1

念として掲げる将来の方向を実現するため、計画期間内に取り組む3つの基本目標を柱とした施策、地域別施策展開、分野別計画体系を示しており、他自治体で実施計画となる「地域別計画」、「個別計画」を取り組んでいるのが特徴である。それぞれの関係は、**図表2-13**のとおりである。

2 総合計画と総合戦略との関係

　総合計画は独自計画であり、地方版「まち・ひと・しごと地方創生総合戦略（以下総合戦略とする）」は、国の戦略を「勘案して」策定するようになっているが、自治体の計画である以上は、総合計画と整合性がとれたものになっていなければならない。

図表 2-14　総合計画と総合戦略の関係

（1）基本構想と基本計画の2部構成　　　　（2）地方版まち・ひと・しごと創生総合戦略の一体化

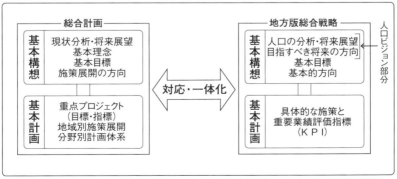

〔出典〕第1回群馬の未来創生懇談会（2015年9月7日）配布資料2-1

図表 2-15 「群馬版総合戦略」と「第 15 次群馬県総合計画」の対応について

基本理念	「群馬の限りない可能性」を大きくはばたかせ、
基本理念が目指す群馬の未来創生の姿	群馬で暮らし始めたくなる

群馬版総合戦略

基本目標1　群馬で暮らし始めたくなる

○交流・移住・定着促進	＊県外者が、本県を第2の故郷と思ってもらえるような全世代交流を促進し、その中から二地域居住も含め本県への移住者が増えることを目指す。 ＊東京から100km圏という本県の恵まれた立地条件や、豊かな自然、文化等の魅力を発信して、交流・移住先として本県を選択してもらうことを目指す。
○東京圏からの人材還流	＊郷土に誇りを持てる学びを推進し、進学・就職等で東京圏へ流出した若者等の本県への還流を目指す。 ＊キャリア教育、職業教育など人生設計を描く力の育成を目指す。
○コンベンション施設整備・企業誘致等	＊コンベンション施設整備と関連産業の振興を目指す。 ＊本社機能の誘致等により、主に文系学部を卒業した本県出身者に雇用の場を提供するのみではなく、誘致企業に勤務している県外在住者の本県への流入を目指す。 ＊バックアップ機能や政府関係機関等の誘致を目指す。
○県内大学を活用した人材の育成	＊県内大学で学んでいる、県外出身者・海外からの留学生の県内定着を目指す。 ＊インターンシップを一層推進し、産業界が必要とする人材の育成を目指す。

基本目標2　群馬で住み続けたくなる

○経済・雇用戦略の推進	＊経済・雇用戦略を着実に推進することで雇用の場を確保し、安心して働き続けられることを目指す。 ＊国際戦略を推進し、海外でのビジネス展開や外国人観光客誘致の促進、農畜産物の販路拡大を目指す。
○本県産業の競争力強化	＊ものづくり産業、商業・サービス産業の振興、次世代産業の創出により、雇用の維持・創出等を目指す。 ＊国内外からの観光誘客の促進、農業の振興、「林業県ぐんま」の実現を目指す。
○安心して働くための人材育成・社会づくり	＊未来の群馬を担うため、職業人材の育成を目指す。 ＊働くことを希望する女性、障害者、高齢者等が安心して働けるよう、職場環境の実現を目指す。
○地域住民がともに助け合う「地域力」強化	＊希望する人がそれぞれの地域で住み続けられるような地域を目指す。 ＊健康寿命の延伸や地域包括ケアシステムの確立を目指す。
○安心な暮らしを守る社会基盤づくり	＊希望する人がそれぞれの地域で住み続けられるよう、道路や公共交通ネットワークの構築等を目指す。 ＊災害に強く、犯罪や交通事故が防止され、身近な暮らしが守られる安全な地域を目指す。

基本目標3　群馬で家族を増やしたくなる

○結婚・妊娠・出産・子育ての切れ目のない支援	＊若者の出会いと交流の場を創出し、結婚の後押し・応援を目指す。 ＊安全・安心な妊娠・出産の環境を整備するとともに、子育て支援・保育環境の充実を目指す。
○仕事と生活の調和（ワーク・ライフ・バランス）の実現	＊ワーク・ライフ・バランスを実現し、仕事と子育ての両立ができる職場環境の整備を目指す。 ＊妊娠・出産・子育てに理解のある社会の実現を目指す。

群馬の未来を創生する　～「魅力あふれる群馬」の実現～

[群馬に住み続けたくなる]　　[群馬で家族を増やしたくなる]

→県民の希望を実現し、人口減少に歯止めをかけ、安全・安心な群馬の未来を創生

第15次群馬県総合計画

政策3	交流・移住・定着促進
政策8	優れた群馬の環境の保全・継承
政策12	豊かな文化・魅力を活かしたイメージアップ
政策1	未来の群馬を担う子ども・若者の育成
政策10	群馬の未来を見据えた経済・雇用戦略の展開
政策1	未来の群馬を担う子ども・若者の育成
政策10	群馬の未来を見据えた経済・雇用戦略の展開
政策11	群馬の産業の強みを活かす戦略
政策2	群馬の飛躍と地域の安心を支える職業人材の育成
政策5	多様な人材の活躍応援
政策9	地域住民がともに助け合う「地域力」強化
政策7	医療・福祉連携による優しいぐんま推進
政策13	社会基盤づくり
政策6	安全な暮らし実現
政策4	家族の理想実現

〔出典〕第1回群馬の未来創生懇談会（2015年9月7日）配布資料4-3

群馬県では、総合計画策定時期が総合計画の策定期であったことから、人口減少対策を土台に据えて、第15次群馬県総合計画と群馬県版総合戦略について一体的に検討を進め、策定した。総合戦略の計画期間が5年間ということもあり、総合戦略と合わせて策定された人口ビジョンは、総合計画の基本構想に該当し、総合戦略の具体的な計画は、総合計画の基本計画レベルに相応すると考えられるので、図表2-14のような関係になる。

さらに、群馬県の総合計画と総合戦略は、総合戦略が「まちの戦略」、「ひとの戦略」、「しごとの戦略」が中心になっていることから、具体的な関係は、図表2-15の関係にあるといえる。

3 総合計画の策定方針(基本姿勢)・検討体制・策定スケジュール

(1) 計画策定の姿勢（方針）

群馬県の地方創生は、激しい時代の変化にあっても、進むべき方向を見失わずに行動するための羅針盤をつくり、人口減少対策を土台として、群馬の未来を創生するための具体策を示す視点から策定された。そして、①県民視点・現場主義に立つ、②人口減少対策を土台に据える、③前例にとらわれず、県政改革を推進する、④群馬の強み・資源を活かす、⑤市町村・県民との役割分担を意識する、⑥分かりやすさと実効性を高めるという6つの視点から策定された。

特に、①「県民視点・現場主義に立つ」という立場が強調され、県政の主役は県民であることを基本に、県民アンケート等の意識調査、市町村との意見交換、議会や懇談会での議論など、様々な場を通じて現場の声を聴き策定しているといえる。例えば、県政県民意識調査（広報課、3000人）、県民の声ニーズ調査（企画課、3080人）、少子化対策意識調査（少子化対策・青少年課、1万2543人）、高校生アンケート調査（企画課、1285人）、若年女性ニーズ調査（企画課、1000人）、大学生アンケート調査（企画課、773人）などを行い、多様なアンケート等による県民ニーズの把握を行った点が特徴であろう。

アンケートの結果、主な意見は以下のとおりである。

①群馬県が住みやすく、愛着をもっている人が非常に高いこと（8割）、②進学就職・定住については、群馬県内を考えている人や群馬県に戻っていいと思っている人（8割）が非常に多いこと、③県外出身者が群馬県を就職希望する率が非常に低いこと（1割）、④在外在住者（若年女性）で群馬に戻りたい人が

低いこと（2割）、⑤約8割の人が結婚したいと考えていて、20歳代後半の割合が高いこと、⑥医療・福祉の充実、犯罪や災害の少ない社会といった「安心・安全な県」を期待していること。以上のような意見も取り入れながら総合計画・総合戦略の検討を行った。

図表 2-16　群馬県の検討体制

庁内検討体制

知事

総合計画・総合戦略等の検討体制

群馬の未来創生本部
《役割》人口減少対策の司令塔
（総合計画及び総合戦略の策定）

- 本部（幹部級）
- 幹事会（主管課長級）
  - ※必要に応じて事務局員会議（主管課係長級）を開催し、幹事会を補佐
  - ワーキンググループ（女性・若手）
- 各部局
  - 企画会議
  - 部会

部局別・テーマ別の検討体制

- 行政改革推進会議
- がんばろう群馬！産業支援本部
- 雇用戦略本部
  …など

県議会
- 意見
- 案提出／議決
- 議決

県民意見の聴取等

群馬の未来創生懇談会
- 目的：総合計画・総合戦略策定に向け県民意見を聴取
- 構成：県内各界の有識者・代表者、市町村代表等

群馬の未来創生地域懇談会
- 目的：総合戦略の策定及び総合計画の地域別施策展開策定に向けて地域意見を聴取
- 構成：県議会議員、市町村長、地域の有識者・代表者等（行政県税事務所の圏域毎）

パブリックコメント
- 総合計画案に関する意見募集（H27年末）

ニーズ

多様なアンケート等による県民ニーズの把握

県政県民意識調査（広報課）	県民の声ニーズ調査（企画課）	少子化対策意識調査（少子化対策・青少年課）
若年女性ニーズ調査（企画課）	高校生アンケート調査（企画課）	大学生アンケート調査（企画課）

［出典］第1回群馬の未来創生懇談会（2015年9月7日）配布資料2-1

(2) 検討体制・策定スケジュール

群馬県は、知事をトップにした「群馬の未来創生本部」を創設し、①幹部級職員による「本部」と②主幹課長級職員による「幹事会」により審議を行った。さらに、若手グループを中心にしたワーキンググループにより若者層の意見にも傾聴した。群馬の未来創生懇談会、群馬の未来創生地域懇談会などにより、有識者、市町村の意見への反映に努め、パブリックコメントを行い、県民意見の聴取にも努めた。さらに、県議会では、総合計画特別委員会を設置し、活発な審議を行った(**図表2-16、2-19**)。

(3) 人口減少の要因

人口減少の主な要因としては、死亡者数が出生数を上回る「自然減」が拡大し、一方で、転出者数が転入者数を上回る「社会減」が継続することで、結果、人口減少が急速に進行する。特に、**図表2-17**のように、若年人口の減少がさらなる少子化を招く負のスパイラルが生じている。

図表2-17 人口減少と人口構成の変化

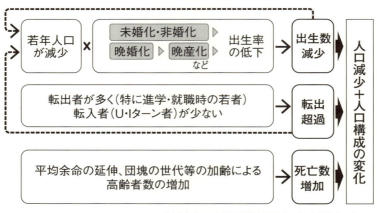

〔出典〕第15次群馬県総合計画「はばたけ群馬プラン」p.19

4 総合計画・総合戦略の政策体系(基本目標、政策、施策、事業)

人口減少の要因分析、人口減少が与える産業・地域社会・行財政への影響、自治体を取り巻く外部環境の変化<時代の潮流>(グローバル化、国際競争の激化、巨大災害、地球環境問題、技術革新の進展等)、群馬県のもつ潜在的な地域資源、県民ニーズ等を踏まえ、①群馬で暮らし始めたくなる、②群馬

図表 2-18 群馬県の基本構想と基本計画

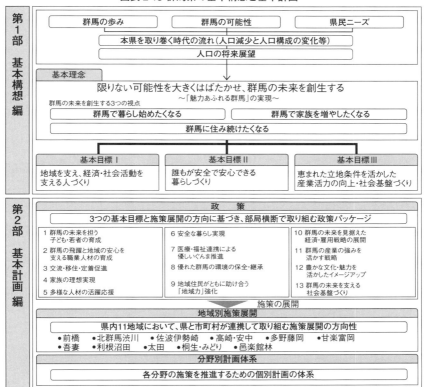

〔出典〕第15次群馬県総合計画「はばたけ群馬プラン」p.3

に住みたくなる、③群馬で家族を増やしたくなる「魅力あふれる群馬」を計画の大きな方向性として打ち出した。

そして、基本目標として、基本目標Ⅰ：地域を支え、経済・社会活動を支える人づくり（ひとの創生）、基本目標Ⅱ：誰もが安全で安心できる暮らしづくり（まちの創生）、基本目標Ⅲ：恵まれた立地条件を活かした産業活力の向上、社会基盤づくり（しごとの創生）とした。そして、3つの基本目標を13の政策が支える構成とした（**図表2-18**）。

基本目標Ⅰは、群馬の未来を担う子ども・若者の育成（政策1）、群馬の飛躍と地域の安心を支える職業人材の育成（政策2）、交流・移住・定着促進（政策3）、家族の理想実現（政策4）、多様な人材の活用応援（政策5）により構成されている。

図表 2-19 群馬県の策定スケジュール

項目	7月	8月	9月	10月
〈議会等〉			第3回議会 前期9/1〜10/7	
★策定のステップ	【計画たたき台】・基本構想部分の骨子案 ・政策体系イメージ			【計画素案】計画本文の原稿素案
●基本構想【人口ビジョン】	骨子案作成			素案の作成
●政策(プロジェクト)(仮)【総合戦略】	体系たたき台の作成			素案の作成
懇談会〈本会〉		設置	第1回	第2回
〈部会〉			設置・第1回	第2回
●地域別施策展開(仮)	策定要領の検討・決定 たたき台の作成 市町村との意見交換			素案の作成
懇談会〈地域〉		設置	第1回	第2回
●分野別計画体系(仮)		計画体系の更新・素案の作成		
群馬の未来創生フォーラム・地域講演会			地域講演会の開催	
その他			ウェブサイト等による情報発信	

2-10 ◎自治体の総合計画   139

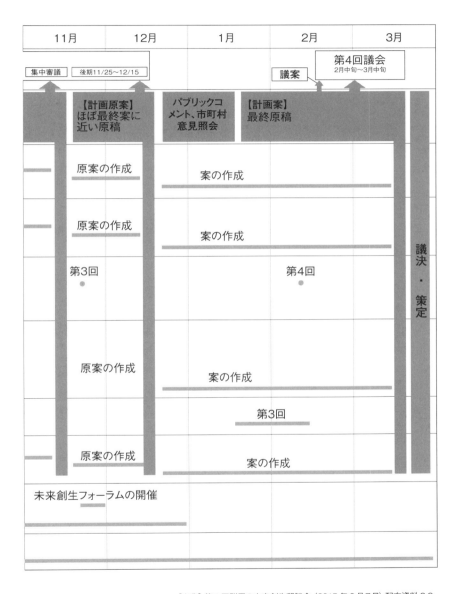

[出典] 第1回群馬の未来創生懇談会（2015年9月7日）配布資料2-2

図表 2-20 総合計画の検証手順及び検証方法

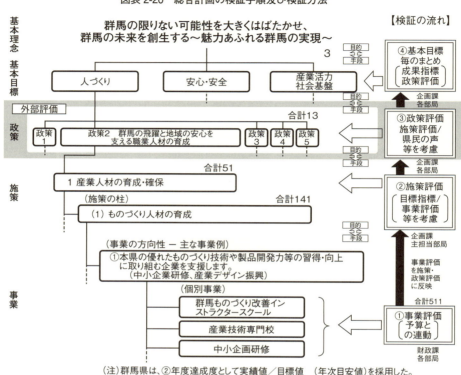

〔出典〕平成 28 年度群馬の未来創生懇談会第 1 回検証部会資料 2

　基本目標Ⅱは、安全な暮らし実現（政策 6）、医療・福祉連携による優しいぐんま推進（政策 7）、優れた群馬の環境の保全・継承（政策 8）、地域住民がともに助け合う「地域力」強化（政策 9）により構成されている。

　基本目標Ⅲは、群馬の未来を見据えた経済・雇用戦略の展開（政策 10）、群馬の産業の強みを活かす戦略（政策 11）、豊かな文化・魅力を活かしたイメージアップ（政策 12）、群馬の未来を支える社会基盤づくり（政策 13）により構成されている。さらに、この 13 政策は 51 施策 511 事業により構成されている（**図表 2-20、2-21**）。

図表 2-21　総合計画の評価基準目標・指標の進捗状況

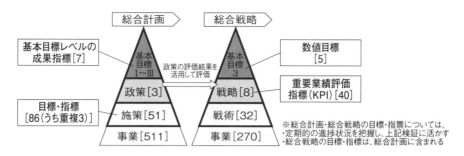

〔出典〕平成 28 年度群馬の未来創生懇談会第 1 回検証部会資料 2

5　総合計画・総合戦略の検証

（1）検証の趣旨
総合計画及び総合戦略について、PDCAサイクルを活用して、政策等の進捗状況や課題を検証し、施策や事業等の見直しや次年度に新たな事業等の企画立案に反映させる。また、施策の進捗や取組状況等を県民にわかりやすくまとめ、県政の透明性を向上させる。

（2）検証対象
①総合計画

基本目標（基本目標レベルの成果指標の進捗状況の検証）と政策（各施策の目標、指標））の進捗状況をベースに、事業評価等の結果を踏まえて評価する。

②総合戦略

基本目標（数値目標の進捗状況を検証）と戦略（各戦略の重要業績評価指標［KPI：業績評価指標］）の進捗状況をベースに、総合計画の政策評価の結果を活用して評価する。

③地方創生関連事業

地方創生交付金事業と地方創生応援税制対象事業（企業版ふるさと納税対象事業）の執行状況を評価する。

（3）総合計画の検証手順及び検証方法　（図表2-20、2-21）
①各部局から財政課に提出される事業評価を511事業について実施する。

事業評価は、まずは、所管部局が前年度の実績結果を検証し、必要性・有効性・効率性の観点から評価を行う（6月～7月）。各部局からの評価結果を受けて、財政課が県全体の優先順位や適切な財政運営の等の観点から評価を実施する（7月～9月）。この事業評価結果を受けて、財政課は、次年度予算における事業の方向性を次の選択肢（○廃止・休止・終了、○一部廃止、○縮小、○統合、○拡充、○継続）から選択する。

　②こうした事業評価結果に加え、県民の声、意見を把握した上で、各種担当部局から企画課に提出される施策評価を51施策に実施する。

　③事業評価、施策評価、県民の声の意見等を踏まえ、検証部会（外部委員）の意見を受けて、政策（13政策）の総括評価を行い、群馬の未来創生本部に報告する。毎年度評価する「コア政策」以外は、計画期間中に1回以上評価することとし、毎年度評価する「政策」数を7つ程度に絞り、評価を行う。

　④最終的に「基本目標レベルの成果指標」の進捗状況を検証し、各部局から企画課に提出する。

　⑤さらに、検証の趣旨に鑑み、評価のために取りまとめた資料は原則として公表し、県政の透明性を確保する。

（4）　総合計画の評価基準目標・指標の進捗状況（達成度）　（図表2-21）

　　　各種の目標値（重要業績評価指標）は、実績、調査結果、将来見込みなどを踏まえて設定されている。

　目標・指標の進捗状況の評価基準としては、①策定時から年次達成度として（実績値－策定時）／目標値（年次目安値）－策定時）を採用する茨城県、栃木県、長野県、長崎県もあれば、②年度達成度として、実績値／目標値（年次目安値）を採用する北海道、福島県、神奈川県、新潟県、岡山県、大分県もある。

　また、最終目標までの進捗率として（実績値－策定時）／（目標値－初期値）を採用する兵庫県もある。この他の評価手法として、「策定時からの傾向」を4段階評価（目標を上回る、改善、横ばい、悪化）を採用する埼玉県、目標達成した指標の割合で施策を評価する千葉県など、評価手法は様々なのである。

　群馬県は、②年度達成度として実績値／目標値（年次目安値）を採用した。

第3章

政策法務
の
新たな展開

第1節 自治体政策法務

1 自治体政策法務とは何か

　従来の中央集権システムでは、「国は政策を考え、自治体はそれを執行する」という役割分担の意識が強かったため、国は、「法」形式で政策を立案することが日常的であったのに対して、自治体の法務は、国が定めた法令を各自治体が各省庁が定める通達・解釈通知に従って実施するという行政スタイルが一般的であった。

　しかし、福祉国家への転換や社会の複雑化等に伴う政府の積極的な対応（政策化）が求められ、また、機関委任事務の廃止に伴う条例制定権の拡大、通達が廃止され、技術的助言になり国の法令解釈に従わずに、自治体の独自の法令解釈が拡大したことで、地域が国から自立して政策を展開し、法のあり方も地域ごとの個性を活かした、ローカルルールの成長が求められた（分権化）。また、自治体行政を進める上で、住民・NPOとの協働など住民自治の推進・拡充の必要性も求められている（自治化）。さらに、社会の都市化・情報化、国民の価値観の多様化に伴う二極間調整から多極間調整が大切な時代になってきている（多様化）。

図表3-1　自治体政策法務のサイクル

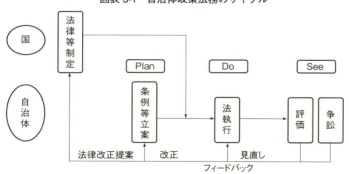

〔出典〕礒崎、2012年、p.8を一部修正

こうした自治体を取り巻く外部環境の変化に対しては、国の全国一律の制度を国の解釈だけで運用しても適応できないので、自治体職員が多くの「ものさし」（判断基準・選択肢）をもつ必要がある。

また、これまで切り離されてきた「政策」と「法務」を融合し、自治体の地域性、協働性、総合性に対応した政策法務が求められている。

政策法務とは「政策実現の手段ととらえ、政策実現のためにどのように立法、法執行、争訟評価が求められるかを検討する理論と実務における取組み［礒崎初仁］」である。自治体法務のサイクルは、政策の循環過程、立案（Plan）→執行（Do）→評価（See）にあてはめると、条例等立案→法（法律・条例）の執行→評価・争訟（訴訟・行政不服審査）の段階に置き換えることができる。

（1）条例等の立案

条例等の立案の段階では、個人の自由や財産を制限し、義務を課す場合は、予算や計画という形式ではなく、法（法律、条例）に規定する必要があるという考え方（侵害留保説）が一般的であるが、佐賀県の日本酒で乾杯を推進する条例のように、その自治体にとって重要な事項は、自治体の長だけではなく、議会も含む自治体全体の意思表示として「条例化」して外部に明確に示す考え方（重要事項留保説）も重要であろう。

（2）条法（法律・条例）の執行

次に、法の執行過程では、法の目的を実現するために、法を適切に執行することであり、一般的かつ抽象的に定められている法をどのように解釈し、いかに直面する個別的かつ具体的な事実に公平かつ合理的にあてはめるかが重要になる。すなわち、運用基準、マニュアル等の執行細則などへの「ルール化」が求められる。

例えば、消防法第29条には「延焼防止のため、やむを得ないと認めるとき、延焼のおそれのある消防対象物を使用し、処分し又は使用を制限することができる」と規定されており、「やむを得ないと認めるとき」の判断が求められるのである。こうした判断をする場合は、恣意的な判断になっていないかとか（裁量権の踰越）、判断の範囲を越えていないかとか（裁量権の濫用）について、行政裁量の判断基準(147～148ページ参照)に基づいて判断することになる。

（3）評価・争訟

さらに、法も一度制定されたら見直さないというのではなく、予算・計画と同様の評価（点検・見直し）のプロセスおよび、争訟（訴訟・行政不服審査）

のプロセスを通じて、絶えず見直す（フィードバックする）視点は大切である。そうすることで「よりよい法」に成長させることができる。

2 条例等の立案のポイント

条例等の立案段階では、いかに有効かつ効率的に制度設計を行うかが重要である。課題設定の段階では、公共的な課題として取り上げるため、課題を明確化し、その原因を明らかにしていくことが大切であろう。そして、立案の段階では、政策の基本的な要素である①目的（何のために）、②主体（誰が）、③対象（誰に、何に）、④手段（どのような手段）、⑤基準・手続（どのような基準・手続）を示さなければならないが、政策の中心は、目的と手段であり、特に、目的を達成するために、どのような手段を講じるかが重要になる。

（1）権力的な手段

権力的な手段は、法的な根拠に基づいて対象者に一定の義務付けを行い、それに反した場合は、制裁をもって政策を実現するといった手段である。罰則など過去の義務違反に対して行政上の制裁を課す場合と行政代執行など自治体自らが将来に向かって義務を実現する場合がある。最も強力で確実な手法であるが、対象者の権利侵害の可能性もあるので、厳格な対応が必要である（**図表3-2**）。

（2）経済的な誘因提供

経済的な誘因提供は、対象者の行動環境を操作することで、特定の行動をとるように誘導する方法である。補助金の交付や利子補給、税の減免措置など積

図表3-2　権力的手段の一覧

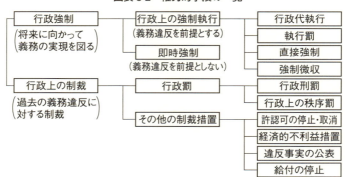

〔出典〕筆者作成

極的に利益を付与する場合と、税金を付加する場合など制度が期待する行動をとらないと不利益を被る場合がある。対象者の任意の行動に基づいて政策目的が実現されるが、対象者自身が自己の利益を最大限目指す動機がある限り、実現に向けて確実な手段であると考えられる。

（3）合意形成型手法（情報の提供）

国民の価値の多様化、コミュニティの弱体化等に伴って、権利義務と罰則・行政強制を中心とする従来の自治体スタイルに加え、当事者間調整、行政契約、行政指導といった私人間の合意を中心にしたソフトロー的なスタイルの法執行も加わりつつある。中でも、情報の提供は、チラシなどの配布、看板、行政指導など一定の情報を提供することで、対象者の行動を制御する方法である。この手法は、人の心理への働きかけなので、実現に向けた確実な手法であるとはいえない。

（4）物理的な制御

物理的な制御は、進入禁止ゲート、中央分離帯、柵を設置するなど、対象者の行動環境を物理的に変化させることで、行動を制御する手法である。実現可能性は確実であり、日常的な監視を必要とせず、直接相手と接触することがない点がメリットであるが、利用できる場合は、限定的である。

（5）組織による対応

組織による対応は、自治体内に部局横断的な組織をつくったり、地域の自治会や都道府県警察に協力を求めながら、地域の対策会議などを設置するなど、人的・物的な能力を使って目的とする方向に誘導する手法である。新たに設置した組織にどれだけ権限を与え、人的、物的資源をどの程度配分するかなどの検討を行うことになる。

3 行政裁量の判断基準

現代行政は、広範囲に及び、複雑かつ流動的な事態に対処しなければならないことから、すべての現象を予想して法律や条例を制定することが困難な時代になっている。そこで、法律や条例の規定には、「公益上必要が生じた時」とか「法違反を是正するために必要な措置をとる」などといった不確定多義概念を定めて、行政が一定の行為を行う場合に、どのような内容を、どのような手続で行うかを行政庁に判断を委ねている。

こうした行政判断を行う際に、恣意的な判断になっていないかとか（裁量権の踰越）、判断の範囲を越えていないかとか（裁量権の濫用）、行政裁量の判断基準に基づいて判断することになる。

このような行政裁量の判断基準は、実体的な見地と手続的な見地、裁量権収縮論の6つの側面から考えることができる。

実体的見地としては、①特定の個人を合理的理由なく差別的に取り扱ったかどうかという「平等原則の基準」、②目的と手段の間に合理的関連性があったかどうかの「比例原則の基準」、③法律の趣旨、目的に沿って行政行為が行われたかどうかといった「目的拘束の法理」、④行政庁が課された裁量権行使の義務を怠ったかといった「義務の懈怠」、⑤事実認定に重大な誤りがあったかどうかといった「重大な事実誤認」、⑥行政が行われる判断の過程に着目し、考慮すべき事項を考慮したか、考慮に入れてはならない事項を考慮して入れたかといった「他事考慮」といった判断基準がある。

また、手続的見地からは、法律や条例が事前手続（決定に至るプロセス）を要求している場合にその手続きが適正に行われたかどうかという視点でチェックすることが大切である。例えば、意見書提出、公聴会・審議会開催手続、意見公募手続、不利益処分に伴う弁明・聴聞手続などである。

さらに、①国民の生命・身体・健康等に対し具体的な危険が切迫していること（危険の切迫性）、②行政庁が具体的危険の切迫を知り、または容易に予見しうる状況にあること（予見可能性）、③行政庁が権限を行使すれば、容易に結果発生を防止することができること（回避可能性）、④行政庁が権限を行使しなければ、結果発生を回避できない（補充性）、⑤国民が権限行使を要請し、期待している場合、またはそれが容認される場合であること（国民の期待容認）を挙げることができる[西埜章『国家補償法の解説』勁草書房、2008年、p.63]。

4 評価法務（評価・行政争訟）

評価法務は、条例等を立案する段階における事前評価として行われる点でも重要な意味を持つが、法（法律・条例等）を施行後の評価・争訟段階において、事後評価し、条例立案・改正や法執行、さらに法改正への要望にフィードバックすることが望まれる。

評価法務については、次の6つの基準を用いることが望まれる。

3-1 自治体政策法務

図表 3-3　神奈川県の条例の見直しの仕組み

目的：条例の適時性の確保

～基本的な考え方～

- 条例の制定の趣旨に立ち返って、検討を加える。
- すべての条例を対象とする。
- 条例所管部局において、条例の内容に応じて行う。
- 見直しの結果は、県民が県の条例の施行の状況を把握することの重要性にかんがみ、わかりやすい方法により公表する。

～条例の見直しの視点～

- （必要性）当該条例が制定当初に対応しようとしていた課題は現在においてもなお当該条例により法的に解決する必要がある課題であるか、県が対応しなければならない課題であるか。
- （有効性）当該条例が掲げる目的の実現に当該条例が定める事項が効果を発揮しているか。
- （効率性）当該条例が掲げる目的の実現に当該条例が定める事項が効率的に機能しているか。
- （基本方針適合性）当該条例の内容が県政の基本的な方針に適合しているか。
- （違法性）当該条例の内容が憲法及び法令の範囲内であるか、司法手続きにおいて違憲又は違法と判断される可能性はないか。

条例の区分

全条例

【見直し規定を加える条例】
次に掲げる規定を含む条例のうち知事が特に必要と認める条例

○県民の権利を制限し、又は義務を課す規定（許可等の基準を定めているものを含む。）
　…各種許認可、届出義務、禁止行為等を定める条例　等

○特定の県民に直接利益を付与する規定（使用料の減免に関する規定を除く。）
　…手当の給付、修学資金の貸付けについて定める条例、公営住宅への入居について定める条例　等

○県民生活に関連する政策の方向付けをする規定
　…一定の行政分野における政策の基本的な計画、施策について定める条例　等

【見直し規定】
知事は、平成○年○月○日から起算して5年を経過するごとに、この条例の施行の状況について検討を加え、その結果に基づいて必要な措置を講ずるものとする。

【その他の条例】
- 専ら県の組織に関する条例
- 専ら財務に関する条例
- 専ら職員の勤務条件に関する条例
- 専ら行政内部、行政間における権限の配分に関する条例
- 専ら行政における事務処理の手順等を定める条例
- 公の施設条例（公営住宅等への入居に関するものを除く。）等

→ **見直し規定を加える**

見直し作業

【見直し規定を加える条例】
○原則として5年を経過するごとに見直しを実施（ただし、仕組み導入時の既存条例については、原則として平成21年度末までに見直し）

○次の手順により、各条例所管部局が見直しを実施
ア　条例の制定の趣旨の確認
イ　直近5年間における条例の施行状況の把握
ウ　条例に関連する社会状況の推移の把握
エ　アからウまでの内容に基づき、上記の「条例の見直しの視点」から検討
オ　エの結果に基づき、条例の改正又は廃止の要否を判断

○見直し調書の作成

【その他の条例】
○見直し規定に基づく見直しの例により、見直しを実施

→ 見直しの結果を県議会へ報告

公表
見直しの結果を県ホームページで公表（随時更新）

→ 必要に応じて条例改正・廃止

〔出典〕神奈川県資料を基に一部修正

(1) 必要性

　必要性とは、対応しようとする課題に対して、条例制定をする必要性があるか否かを問う基準である。地域で問題が生じていても、私人間や、町内会や自治会等の自治組織により解決できれば自治体（行政）は関与しなくてもいい。また、予算・計画や要綱など条例以外の方法で対応できれば条例制定する必要はない。必要性は、目的が適切か否かを問うものなので、これが欠いた場合は評価・検討を行う必要がない、すなわち、条例制定の前提条件である。

(2) 有効性

　有効性とは、条例の掲げた効果がどの程度効果を発揮するかを問う基準である。必要性の検討で、「目的」の評価がなされると、次に条例の手段について、目的の実現がどこまで効果を発揮するかが問われる。その際、対象の範囲、手段の中身、違反行為に対する罰則などが評価の対象になる。

(3) 効率性

　効率性とは、同じ目的を実現するのにより少ないコストで執行できないか、また、当該条例の執行によってどの程度コストが発生するのかを問う基準である。この基準は、執行を行うための職員の人件費、補助金等の事業費という直接的なコストのほかに、執行にあたり抵抗はないか、合意形成は容易かといった外部要因に関する間接的なコスト（執行可能性）も含まれる。

(4) 公平性

　公平性とは、当該条例の目的に照らして、条例の効果やコストが公平に配分されているか、平等な取り扱いが行われているかを問う基準である。条例は、公共的な規範であるので、単に目的を実現すればいいというものではなく、手段として住民や事業者に対して公平であることが必要である。

　各人に同一の利益と負担が配分されることが公平という客観的平等と考えることができるが、一方で、住民や事業者の収入、資産、年齢などの属性に応じて配分されることが公平とする主観的平等と考えることができる。また、配分の過程の中で「機会」が平等に保障されていることが公平と考えることができる一方、配分の「結果」が平等に保障されていることが公平と考えることができる［平井、1995年、pp.106-119］。

(5) 協働性

　協働性とは、条例の仕組みにどの程度、住民や市民団体、NPO等の参加や協力を取り込み、尊重しているかを問う基準である。条例が地域のルールであ

る以上、住民や市民団体、NPOなどの意見を反映させたり、その役割を位置付けることが重要である。ただし、こうした住民動員型の仕組みは、自治体行政の下請け化、「相互監視社会」の懸念もあり、慎重な判断が求められる。

(6) 適法性

適法性とは、当該条例が憲法や法律に照らして違憲か、違法か、他の法制度との整合性が確保されているかを問う基準である。

憲法は、「地方公共団体は、……法律の範囲内で条例を制定することができる」（第94条）とし、地方自治法は、「普通地方公共団体は、法令に反しない限りにおいて、……条例を制定することができる」（第14条第1項）としている。憲法は「法律の範囲内」としており、地方自治法は「法令に反しない限り」としており、両者の表現に違いはあるが、ここでいう「法令」とは、法律の委任を受けた政省令等（委任命令）に限られると解されるので、両者の同じ内容を定めていることになる。

かつて、法律が既に規律している事務及び領域には、法律の委任がない限り、条例を制定することができないという解釈（法律先占論）だったが、徳島市公安条例事件の最高裁判所判決（最判昭和50［1975］年9月10日、刑集29巻8号489頁）において「条例が法令に違反するかどうかは、両者の対象事項と規定文言を対比するのみではなく、それぞれの趣旨、目的、内容及び効果を比較し、両者の間に矛盾抵触があるかどうかによって決しなければならない」とする考え方が多くの研究者から支持されている。

このほか、自治体の事務に関する法律は、特別な事情がないかぎり、全国最低限度の規制を定めるものとして上乗せ条例や横出し条例を原則適法とすべきとする「条例原則適法説」（阿部泰隆）や自治事務に関する法律規定を標準的な規定と解し、条例でこれと異なる規定を定めた場合は、条例の規定が優先するという「法律標準規定説」（北村喜宣）などが主張されている。

5 憲法と条例

(1) 基本的人権の制限と判断基準

日本国憲法も法令の一つなので、当然「法令に反しない限り」という条例制定権に含まれ、特に人権保障規定に違反してはならない（第98条第1項）。

一方で、もちろん基本的人権も「公共の福祉」による制約を受けるため（同

第13条)、条例で人権を制限することは可能である。例えば、開発行為の規制は、財産権や営業の自由の制限になるし、広告物の規制は、表現の自由の制限にもなる。そして、その制限は、合理的なものでなければならないし、より規制的でない手段を採用したり、規制基準を明確にしなければならない。

基準の基本となるのは、経済的な自由(営業の目的、職業選択の自由、財産権、居住移転の自由)に比べて、表現の自由などの精神的な自由は、選挙など民主的な過程を支えるものであり、これを制限すると立法府や行政府のプロセス・正統性をゆがめる可能性があるという「二重の基準論」の考え方である。

経済的自由の積極目的による規制(政策的・外在的な目的のための規制)については、規制の目的と手段が著しく不合理でなければ合憲とする合理性の基準や、法が著しく不合理であることが明白でないかぎり合憲とする明白性の原則が適用される。

経済的な自由の消極目的による規制(当該行為がもたらす問題の発生を防止するための規制)については、より緩やかな規制では目的が十分に達成できない場合に合憲とする厳格な「合理性の基準」が適用される。

経済的な自由の中で、特に、営業の自由については、消極的な目的については、「厳格な合理性の基準」が、積極的な目的については、「明白性の原則」がそれぞれ適用されるという「規制目的二分論」が確立したと理解されている。精神的な自由の外形的規制(表現行為の時・場所・方法に関する制限)については、規制の仕方自体について「明確性の基準」が適用される。この中に、蓋然性ゆえに無効の基準、過度の広汎性ゆえに無効の基準がある。さらに、規制内容については、より制限的でない手段が他に存在しない場合に限り合憲とする「LRAの法理」(= Less Restrictive Alternative)が適用される。さらに、精神的な自由の内容に関する制限については、表現行為を事前に抑制することは許されないという「事前抑制の理論」と対象行為を放置することによって近い将来重大な害悪が発生する蓋然性が明白であり、かつ規制手段が害悪を規制するのに必要不可欠な場合のみ合憲とする「明白かつ現在の危険の法理」がある。

このような合憲性判断基準は、ヘイトスピーチ団体が区公会堂の施設利用許可をする際に「区民の生命に危険が及ぶような明白な差し迫った危険が客観的かつ具体的にある場合」に当たらないと使用を認める理由に付した場合(2014年3月14日東京新聞記事)に活用されている。一方で、朝鮮人犠牲者追悼碑継続許可に際して、排外主張を繰り広げる団体が撤去を主張する街宣活動後、公

園内にプラカードを持ち込んだため、政治的行為を行わないことを理由として不許可にした事案（2014年7月29日毎日新聞記事）は、以後訴訟で敗訴するが、この事案も許可の継続前も継続後も追悼碑の性格は変わらないので、政治的な行為ということで不許可にするのではなく、「明白かつ現在の危険の法理」を用いて継続不許可にすべきであっただろう。

このように施設の許認可の際にも合憲性に関する審査基準は活用できる。

（2）憲法の法定主義と条例規制

財産権の内容（日本国憲法29条第2項）、刑罰を科する手続き（同第31条）、租税の賦課（同第84条）は、憲法上「法律で定める」等の規定（法定主義）がおかれているが、これを条例で定めることができるかが問題になる。ここでいう「法律」とは議会制定法を指し、条例もこれに含まれると考えるのが妥当であり、有力な考え方である。

図表 3-4　立法の合憲性に関する審査基準

区分	審査基準	内容	主な適用範囲
特に緩やか基準	合理性の基準	規制の目的と手段が著しく不合理でなければ合憲とする	経済的な自由（財産権）社会権の積極的規制 例：まちづくり、景観保全、生活維持
	明白性の基準	規制が著しく不合理であることが明白でない限り合憲とする	
緩やか基準	厳格な合理性の基準	他のより緩やかな規制では法の目的を十分に達成できない場合に限り合憲とする	経済的自由（財産権）の消極的規制 例：災害防止、安全確保
厳格な基準	LRA(*)の法理	手段の審査において、法の目的を達成するためのより制限的でない他の選びうる手段が存在しない場合には合憲とする。	精神的な自由の外形的規制、参政権の規制 例：デモ行進規制、屋外広告物規制
	漠然性のゆえに無効の法理	規制内容があいまいな場合に、そのことを理由として違憲とする。	
	広汎性のゆえに無効の法理	規制内容が明確であっても、その範囲があまりに広く、過度の規制となり得る場合に違憲とする。	
特に厳格な基準	明確かつ現在の危険の法理	対象行為を放置することによって近い将来、重大な害悪が発生する蓋然性が明白であり、かつ規制手段が害悪を回避するのに必要不可欠である場合にのみ合憲とする。	精神的自由の内容に関する規制 例：出版の制限、集会の禁止

(*) LRAの法理（Less Restrictive Alternative：より制限的でない他の選び得る手段の基準）
〔出典〕礒崎初仁『自治体政策法務講義』第一法規、2012年、p.156

第2節
企画部局が関わる条例の見直し

1 一括法対応の条例を見直す必要性

　「地域の自主性及び自立性を高めるための改革の推進を図るための関係法律の整備に関する法津」（以下「一括法」とする）により、全国の自治体は、独自基準を規定しなくても、国の政令・省令をコピー・リンクして条例化したことは間違いない。リンク方式の場合は、政令・省令の改正に伴い条例改正の必要はないが、コピー方式の場合は、政令・省令が変更されるたびに、条例を変更しなければならない注1。

　政令・省令の改正の有無にかかわらず、神奈川県横須賀市のように、条例を見直すことを「この条例は、その運用状況、実施効果等を勘案し、この条例施行の日以後5年以内に見直しを行うものとする」として附則に規定した自治体もある。

　また、大阪府松原市のように、「市長は、地域主権改革（地域主権戦略大綱［平成22年6月22日閣議決定］第1の1（2）に定める地域主権改革をいう）の理念にのっとり、公営住宅等の整備に係る法律、政令、省令等の制定改廃時等の適時にその実施状況を勘案して検討し、その結果に基づき公営住宅等の整備について本市の実情に適合させるために必要があると認めるときは、必要な措置を講ずるものとする」として附則に規定した自治体もある注2。

　もちろん神奈川県のように、条例の適時性の確保という視点から「神奈川県条例の見直しに関する要綱」により、従来から条例の見直しを行っている自治体もある注3。

　条例の制定もしくは改正の場合、今回の一括法による作業のように、政令・省令を基準として条例化しなければならないため、新しい政令・省令が出される時期に影響を受けて、十分に検討（他自治体の動向等の調査を含む）を行う時間がなく、条例化をしなければならなかった自治体もあろう。このように条例の策定作業には、自治体自身の都合ではなく、他の外部要

因の影響を受けて策定しなければならない場合もあるので、見直し条項を規定することは、未成熟な条例を作り出すようなものだから規定できないと考えることはあまりにも乱暴な意見である。条例制定・改正を行う際は、その時点での最善の条例を制定・改正するのであるが、その後、環境の変化に応じて条例の見直しを行うことは大切な視点である。

2 佐賀県における政策的条例の検討

　佐賀県では、2011年以降、単なる文言整理や法令の引用条項の改正等政策的な判断を特段伴わない条例以外を「政策的条例」と呼称し、政策的条例のうち、県政の重要施策に係るものについては、「政策的条例検討会」(2012年度までの「政策的条例調整会議」を改称)において検討を行っている[注4]。一括法に伴う条例もこの政策的条例検討会での議論を経て、条例化した。

　政策的条例検討会は、県の総合戦略を担当する統括本部長を議長とし、法務課を所管する経営支援本部長と条例案を所管する関係本部長などを構成員としている(第1章第5節)。この検討会では、条例案と県の施策との関係、内容の必要性、妥当性、利害関係者との調整状況などを幹部レベルで検討するものである。そして、この結果を踏まえて、知事・副知事との協議・報告を経て、条例案を決定することとしている。

　政策的条例検討会の事務局は、統括本部政策監グループと経営支援本部法務課が共同で担当している。政策監グループが主となって条例案が県政運営の基本方針やその他県政の施策等に沿った内容になっているかといった政策的側面から検討を行い、法務課は主に条例案の表現、解釈、適用等について技術的側面から検討を行う。

　ここでの検討は、担当課から提出される原案をもとに進められる。この原案には、条例名、関係する法律名、法律改正の内容、①制定(一部改正)する条例(案)の概要、条例(案)に定める内容及びその考え方、②他県が定める(定めている)内容(取組)との比較、他県独自の内容(取組)に対する佐賀県の対応・考え方、③前回の政策的条例検討会もしくは前回議会での説明からの変更点、④今後の工程表(案)といった項目を担当課が記入することになっている。この案を基に、政策監グループと法務課が担当課と検討を重ねる。

　検討の結果は、条例(案)に対する意見・気づきという項目ごとに、本部の

対応・考え方がまとめられており、政策的条例検討会では両者の立場を一目瞭然に確認することができる。

3 佐賀県における見直しの考え方と実際

佐賀県では、一括法対応の条例については、道路法施行条例に検討条項を入れたほかは、条例の見直し条項を設けず、知事が2012年9月の県議会定例会において答弁した「今回、条例制定をすることになりますが、条例施行後も佐賀県という地域での課題は何か、それに対して条例で対応できることはないかという意識を常に持ち続け、必要に応じて条例を見直しまいりたいと存じます」という基本的な考え方を受けて、条例の見直しを行っている。

例えば、今回の一括法対応でも、条例制定後に見直しを行い、京都市などの他の自治体の児童福祉条例の条例制定状況を勘案して、児童福祉施設の設置者から暴力団を排除する規定を追加することにした。ただ、政策的条例検討会では、児童福祉施設以外の一括法対応の施設以外でも暴力団排除条項を設けるべきという意見が出され、類似施設の条例を洗い出し、同時に条例改正することになった。旅館業法、動物愛護法などの施行条例が該当した。

さらに、佐賀県ではこれらの条例とともに、医療法の施行等条例に対して、福祉施設における防災設備基準の在り方について、2013年3月31日にまでに十分な検討を行うことができなかったことや隣県である長崎県において2013年2月に認知症高齢者グループホームにおいて火災が発生したところから、施設における防災設備基準の在り方について再点検し、非常災害対策条項の条例改正を行った。

4 条例の見直しに関わる企画部局

条例については、適時性の確保という視点から、一度制定もしくは改正した条例を見直すことは大切である。たとえ、条例に見直し条項を規定しなくても、佐賀県のように積極的に見直すことができる企画部局も関わる形で見直し体制をつくることは重要であろう。

そして、他の自治体での動向をみて、自身の条例に規定すべき事項を積極的に規定することで、市民のためのより良い条例としていくことは大切である。

また、現場主義といって条例の見直しをすべて担当課に任せるのではなく、佐賀県の政策的条例検討会のように、一つの条例だけでなく、一括法とは関係ない類似条例も該当し見直す必要はないかなど、外部環境の変化をとらえた全庁レベルでの視点を企画部局が示していくことは重要である。

　今後は、条例の見直し条項だけでなく、企画部局が積極的に見直しに関わる体制づくりを進めるべきである。企画部局は、計画策の立案段階だけに関与するのではなく、どう見直すかといった評価段階でも関わり、次につなげるべきである。

注1）　藤島光雄「コピー方式×リンク方式のメリット・デメリット」『地方自治職員研修』（通巻639号）公職研、2012年11月号、pp.68-69
注2）　津田啓次「自治体における義務付け・枠付けの見直しへの対応～大阪府松原市の取組から～」『自治総研（通巻422号）』地方自治総合研究所、2013年12月号、pp.93-114、大石貴司「第1次・第2次一括法等への対応の実際～横須賀市の取組み」『自治総研（通巻426号）』地方自治総合研究所、2014年4月号、pp.74-98
注3）　礒崎初仁『自治体政策法務講義』第一法規、2012年、pp.277-279
注4）　日野稔邦「佐賀県における分権一括法を受けた条例対応と今後の展望」『速報版自治六法（平成27年版）』第一法規、2014年3月、pp.32-66

第3節
実践政策法務

本節では、実践政策法務として『ペット霊園（移動火葬施設を含む）の建設を規制するための条例』の立案の一例を示すことにする。

1　問題の所在

近年のペットブームの中で、家族同様に過ごしていた犬や猫が死亡した場合、丁重に葬りたいと願う飼い主の要望が多いことから、これに注目した事業者が、犬、猫等のペットの死骸の「火葬施設」・死骸や焼骨の「埋葬施設」等を備えた、いわゆる「ペット霊園」を各地で開設するなど、ペット葬祭ビジネスを展開している。さらには、自動車等にペットの死骸を焼却する施設を備えた「移動火葬施設」も出現している。

一方で、ペット霊園の建設をめぐる地域の紛争も少なからず生じている。移動焼却施設は、焼却による煙や悪臭などの苦情も絶えない。廃棄物の処理及び清掃に関する法律（＝廃棄物処理法）では、動物の死体を「廃棄物」とするが、厚生労働省は、ペット葬祭業者が動物の死体の処理（引取り、火葬、墓地埋葬等）を行う場合には廃棄物処理に該当しないとしており、規制の対象外としている。

また、ペットは人ではないので、当然「墓地、埋葬等に関する法律」（＝墓埋法）の対象ではない。そのため、各地で条例制定されている。本節では、こうした墓埋法や廃棄物処理法も適用されないペット霊園を規制する条例の立案ポイントについて実践的に検証する。

2　条例立案のポイント

（1）条例の構成要素

条例の構成要素としては、目的、基本理念、定義、責務、対応措置（主体：誰が）、対象（何に）、手法（どういう方法で）、基準（どういう基準で）、手続（どういう手続で）としての規制を行い、どのような方法（罰則、公表等）により実効性を

確保するかを基本とする。このほか、審議会の設置、運用状況の公表、見直し条項などを規定することも検討する。

（2）ペット霊園規制条例の立案ポイント

○対象：焼却施設（移動式か、固定式か）と埋葬施設（固定式）に分けて分析。
○住民(生活する権利)とペット霊園業者(営業の自由)の対立する利益の利害調整。
○住民の中には、反対派だけでなく、ペット愛好家といった賛成派もいて、一枚岩ではない。
○住民の合意をいかにとるか。
  → 全員合意まで必要か（流山市条例）、説明会、事前協議など手続き面で対応するか。
○自治体はどのような規制を行うか。
  → 届出制か、許可制（設置許可、経営許可も含めるか）か。
  → 許可審査業務の専門性をいかに担保するか。外部委託するか、直営で行うか。（必要経費をいかに確保するか、手数料を徴収するか、一般財源で対応するか）。
  → 違反者への対応（実効性確保［ペナルティーをいかに設けるか］）。
○規制の取締りを自治体のみで行うか。住民に協力を求めるか。
○規制をいきなり行うか。既設事業者に配慮して「経過措置」規定を設けるか。
○隣接自治体との調整（規制を行うことで他の自治体に影響）。

3 ペット霊園規制条例の立案（実践例）

（1）目的：市民生活の環境保全、公衆衛生を含む公共の福祉の向上
（2）手段：許可制（自治体全域を禁止し、一定の基準を満たした者に許可をする）

・許可申請は、ペット霊園を設置または変更（区域、施設内容等）をする場合に義務付ける。
・許可期間（更新期間）について、年度ごとの業務報告の関係を踏まえ設定。
・許可基準として、以下のとおり基準が考えられる。

①設置基準
・住宅、学校等の敷地からの距離、区域（エリア）などの設定を行うか検討する。
・施設にゴミ箱・駐車場・緑地の設置を義務付けることを検討する。
・隣接土地所有者の同意、自治会長の同意などの可否について検討する。

②**構造基準**
・ペット霊園の構造及び設備等が、規則に定める基準に適合するかどうかチェックする。但し、この基準は専門性・技術性が高いため、許可申請手数料を徴収して外部審査機関に検査依頼をするかどうか検討を要する。さらに、この費用を徴収するためには手数料を徴収するか否か検討を要し、手数料の料金設定は、近隣自治体の手数料とのバランス、国が定める類似業務（産業廃棄物処理業務）の手数料標準令を参考にして決定する。

③**経営基準**
・許可した業者の経営状況を把握し、今後継続して施設が維持されるかどうか経営状況を検討する。

（3）事前協議

許可申請に先立ち（事前に）自治体と事前協議を行う。
①ペット霊園の計画及び計画変更について自治体の長と事前協議を義務付ける。
②建設予定地に看板を設置し、住民・土地所有者等に説明会を開催
③建設予定地の住民・土地所有者等と協議、隣接土地所有者の同意まで求めるかどうか検討する。
④説明会、協議の内容について自治体に報告する。

（4）届出

①霊園の後継者に対する「地位の承継」を届出させる。
②工事完了届を提出させ、完了検査を行い、許可基準に該当しない場合は、必要な指導を実施する。
④設置者の氏名、霊園者の名称等を変更した場合に届出させる
⑤ペット霊園の廃止届出を提出させる。

（5）実効性確保

立入調査、報告義務の徹底を図り、以下のように対応する。
①許可基準違反の場合、工事完了後の指導に従わない場合に「改善勧告」を実施。
②「改善勧告」に従わない場合に「改善命令」を実施。
③「改善命令」に従わない場合に「許可の取消し」を実施。
　このほか、違反者には、氏名・行為の公表、罰則なども検討する。また、優良事業者を表彰することで、規制遵守を誘導する。

第4節
行政契約の新たな展開
――連携協約「法制度化のインパクト」――

　第30次地方制度調査会の答申（以下「第30次地制調答申」）を踏まえて、2014年5月に地方自治法が改正され、「地方中枢拠点都市」を中心に複数の自治体が「連携協約」を締結する新たな自治体間連携の仕組みが創設された。第30次地制調答申は、「今後短期間では市町村合併が大幅に進捗するような状況にあるとは言い難い」とし、合併ではなく、自治体間連携によって人口減少社会における行政水準維持を図る方向へ転換を図ったということができる。
　本節では、これまで行われてきた「中心市」とする定住自立圏における市町村間の広域連携の状況を踏まえ、新たに創設された連携協約について法的な視点から考察するものである。

1　定住自立圏構想による広域連携の状況

　定住自立圏構想は、総務省通知『定住自立圏構想推進要綱』（2008年制定、2012年一部改正）によると、三大都市圏の道府県以外の地域で、人口5万人程度（少なくとも4万人超、複合2市も可）で、昼夜間人口比率が1以上（合併市の場合は、人口最大の旧市の値が1以上の場合も対象）などの要件に合致する市が「中心市」宣言を行い、近接市町村との間で、共生ビジョンに基づく「定住自立圏形成協定」を締結し、「周辺市町村」の農林水産業、自然環境、歴史、文化等の機能を活用して圏域全体で必要な生活機能を確保するための施策である。地方圏における「定住の受け皿」機能、人口流出を止めるダム機能が期待されている。
　定住自立圏形成協定に基づく事務の執行については、機関の共同設置（地方自治法第252条の7等）や事務の委託（同法第252条の14等）等のほか、民事上の契約などにより行い、その形式に応じて規約の作成等の手続きを経ることになる。
　この定住自立圏構想の取組状況（2013年4月1日現在）は、中心市要件を満

たす248市のうち32％の79市（人口4万人未満の複眼型中心市5市を除く）が中心市宣言を実施している。人口別の中心市宣言の状況については、人口10万人〜20万人未満の市では中心市要件を満たす63市中27市（43％）が宣言済みであるが、20万以上〜30万人未満では23市中7市（30％）、30万以上〜40万人未満では22市中5市（23％）、50万人以上になると14市中、中心市宣言した市はない。また、都市の種類別では、特例市は18市中6市（33％）、中核市は29市中6市（21％）、指定都市は10市中、中心市宣言した市はない（第30次地方制度調査会第3回専門小委員会［平成25年5月10日］資料3）。

このような、定住自立圏構想の取組状況を勘案して、第30次地制答申では、「相当の都市機能の集積があり、より大きな圏域人口をカバーすることができる指定都市や中核市等の人口規模の大きな都市においては、このような都市機能の『集約とネットワーク化』の取組が進んでいないのが現状である」とした上で、「今後は、地方中枢拠点都市を核に、都市機能、生活機能を確保するとともに、『集約とネットワーク化』を進めることが重要である」とした。一方で、このような地方中枢拠点都市や定住自立圏の中心市等から相当の距離があるような地域（離島や中山間地等）については、都道府県が地域の実情に応じて補完的な役割を柔軟に果たすことも必要であるとしたのである。

2 広域連携の法的根拠

2014年の地方自治法改正により、連携協約・事務の代替執行が制度化される前は、地方自治法には、広域連携制度として、一部事務組合、広域連合、協議会、機関等の共同処理及び事務の委託の5つの方式が規定されていた（**第1章、図表1-14**）。これらの地方自治法上の連携制度以外にも、広域行政の主体としては、市町村合併、定住自立圏における協定などがあった。

市町村合併は、複数当事者が内容と方向を同じにする複数の意思表示の合致である「合同行為」であり、それぞれの自治体が、別個独立の存在であることを解消して、単一の自治体を構成するに足りる結びつきをもったことになる。

一部事務組合、広域連合は、自治体各自の法人格は維持したままで、事務・事業を共同で行うべく法人格をもった組合を結成する組合方式である。意思表示の内容と方向という点で「合同行為」とみることもできる。協議会と機関等の共同設置は、法人格を持たないため、民法上の組合、すなわち、一種の契約行

為とみることも可能である。

　さらに、事務の委託や定住自立圏における協定は、各自治体間の意思表示の合致である契約そのものである。但し、事務の委託の場合は、委託者には委託する必要性があるが、受託者には収入面で委託費収入が得られるという経済的なインセンティブは若干存在するが、よりポジティブな合意形成の根拠は合併や一部事務組合のように明確でない。また、自治体間の協力については、地方自治法の第1章総則において、「他の地方公共団体に協力を求めてその規模の適正化を図らなければならない」という規定があるのみである［斎藤、2012年、pp.481-488］。

3　地方制度調査会における新たな広域連携の制度化に向けた議論

　第29次地方制度調査会は、「共同処理方式による周辺市町村間での広域連携や都道府県による補完などの多様な選択肢を用意した上で、それぞれの市町村がこれらの中から最も適した仕組みを自ら選択できるようにすべきである」とした。その上で、共同処理の仕組みの見直し対象の一つとして、事務の委託を挙げて「事務の委託については、基本的には事務権限が委託団体から受託団体に移動する仕組みになっているため、事務を委託しようとする団体が制度の活用に躊躇するとの指摘もある。このため、委託団体が事務処理の状況を把握し、受託団体に対して意見を提出しやすくなるよう、制度改正を含めた検討を行うことが適当である」と答申した。さらに、小規模市町村については、「選択により、法令上義務付けられた事務の一部を都道府県が代わって処理することも考えられる」とした。

　これを受けた第30次地方制度調査会は、第30回専門小委員会（2013［平成25］年3月28日）において、西尾勝会長が配布資料をもとに、「個々の事務ごとに広域連携の制度に係る規約を定める方式についてどう考えるかという問題提起がなされているわけです。ということは、これは私法上の契約行為でしかあり得ない。それを突破しようということになると、協定というものを公法上の契約にする方法がないかという問題提起だ。そうしたら、そこで公法上の契約であれば、一々個々ごとにまた規約をつくらなくても済むのではないかと思います」と問題提起されている。この問題提起に対して、原市町村体制整備課長は「組合を作らない、緩やかな簡便な仕組みについては、（地方自治法上第1章の）総則がありませんが、基本的には、規約を議決で決めるやり方になっている。

……緩やかになるので、いろいろと合意が履行されない場合は私法上の契約でいきますと、民事訴訟になってしまうのですから、そこを公法上の契約のような位置づけをして、……裁定するような仕組みをセットになれば、公法上の位置づけが明確になるのではないか、と思っています」とし、「(自治紛争処理委員に)もちこめますが、最終的に調停について両者が受託しないといけないということである」という答弁を行っている。これに対し、西尾勝氏は、「協定そのものをもうちょっと制度化しておくことがどうしても不可欠なのではないだろうかという問題があるような気がするのです」と発言された。このように、協定について、地方自治法上に何らかの規定を設けるべきとした点には注目できる。

最終的にとりまとめられた、第30次地方制度調査会答申では、「広域連携を進めるため、現行の事務の共同処理に加え、より弾力的な広域連携の制度を設けることとすべきである」とし、「柔軟な連携を可能とする仕組みを制度化すべきである」とした。その上で、制度化にあたっては「合意形成の手続、合意の実効性を確保するための調整方法、その他民法上の契約等では不十分と思われる点をどのように補うかという観点から、検討することが必要である」とした。また「条件不利地域にある市町村において、近隣の市町村が連携を望まない場合や、対象事務について協議が調わない場合などに、どのように広域連携を進めていくかについても検討する必要がある」とした。さらに、「法的責任の所在や構成団体の住民に対する説明責任のあり方」について検討を進めるべきとした上で、「市町村間における民法上の契約等、地方自治法に基づかない広域連携についても……連携を促していくべき」とした。加えて、「市町村優先の原則や行政の簡素化・効率化という事務の共同処理制度の立法趣旨に留意しつつ……都道府県が事務の一部を市町村に代わって処理することができるようにすべきである」としたのである。

4　自治体間連携における判例の立場

従来、自治体間連携に関する紛争は、裁判になることはなかったが、神奈川県の三浦半島ごみ処理広域化計画をめぐり横須賀市と三浦市が、離脱した葉山町に約1億4800万円の損害賠償請求を求めた訴訟で、最高裁判所が2013(平成25)年12月10日に、横須賀市、三浦市からの上告を不受理としたことで、計395万円の支払いを命じた1審2審判決が確定した。この事案では、横須賀

市、三浦市、葉山町の2市1町でごみの広域処理を共同で実施することに向けて、協議会を作り、一部事務組合を作ることで協議を重ねてきたが、葉山町が、単独で発生ごみを縮減し、処理する「ゼロ・ウェイスト政策」を掲げた新町長が当選して、広域処理化協議から離脱したことに対して、横須賀市と三浦市が協議会の人件費と債務不履行ないし不法行為の損害賠償の訴訟を提起したものである。

横浜地方裁判所判決（2011［平成23］年12月8日）では、二市一町は協議会設立の時点で「ごみ処理の広域化実現に向けて誠実に取り組むべき信義則上の義務」を負っているとした。そして、広域化の基本計画案が策定された段階では、三者に「広域処理を行う旨の法的拘束力のある合意が成立したもの」と認定して、葉山町の離脱は債務不履行ないし不法行為に該当するとした。

東京高等裁判所判決（2012［平成24］年12月19日）では、葉山町は、協議会規約に締結したことや覚書に締結したことにより何等の契約が成立したとすることは言い難いので、葉山町は債務不履行責任を負うものではないが、「施策を変更することは、それがやむを得ない客観的事情によるものでない限り、当事者間に形成された信頼関係を不当に破壊するものとして、違法性を帯び、不法行為責任を生じせしめるものといわなければならない」として不法行為責任を負うべきと判断した。

この判決は、自治体が政策を転換すること自体が住民自治の原則や社会環境への変更への対応としてできることを前提としているが、一定の場合は、政策転換による損害を賠償しなければならないという、「長の交替による工場誘致方針の変更」の最高裁判例（1981［昭和56］年1月27日）を踏襲したものといえよう。

5　連携協約と事務の代替執行の法制化の評価

第30次地制調答申は、現行の地方自治法に定める事務の共同処理方式のほか、地方自治体における柔軟な連携を可能とする仕組みを制度化すべきとした。その上で、三大都市圏以外の地方圏においては、地方中枢拠点都市を中心に、各分野において、都市機能の「集約とネットワーク化」を図っていくことが重要であるとした。一方、三大都市圏については、各都市が異なる行政サービスや公共施設等に関して、水平的・相互補完的、双務的に適切な役割分担を担うことが有用であり、そのような水平的役割分担の取組を促進するための方策を

講じるべきであるとした。

(1) 連携協約の法制化

　2014年地方自治法改正により新たに設けた「連携協約」の規定（同法第252条の2）は、自治体は、自治体と他の自治体の連携を図るために、協議により、連携して事務を処理するに当たっての基本的な方針及び役割分担を定める連携協約を締結できるとした。この協議にあたり、議会の議決を経ることにし、連携協約を締結した時は、その旨及び当該連携協約を告示するとともに、総務大臣又は都道府県知事に届け出なければならないとした。このことは、従来の法定外の契約手続きをより透明化し、住民に対する説明責任を明確にしたこととして評価できる。

　連携協約の実効性を確保する観点については、連携がうまくいかなかった場合に自治体の法的な責任として地方自治法に規定を設けたとしても、前述した「ごみ広域化からの離脱」の事例により判断された「信義則による損害賠償があり得る」という現状を超えるものでないし、超えるべきではないと考える。

　一方、連携協約を締結した自治体が分担すべき役割を果たすために必要な措置を執るようにしなければならないという点から、2014年地方自治法改正により、連携協約を締結した自治体間に紛争があるときは、総務大臣又は都道府県知事に対して、自治紛争処理委員による当該紛争を処理するための方策の提示を求める旨を申請できるとした。このことは、自治体が連携を検討し、進めていく段階において、第三者手続を利用でき、当事者以外の視点で議論を促すことにつながるので評価すべきだと考える。

　さらに、定住自立圏形成協定や法定外の市町村間、都道府県と市町村間の広域連携の仕組みは、その具体的な事業を実施しようとすると、地方自治法における一部事務組合、機関等の共同設置、協議会などを設立する必要があるなど手続き面で重複することになる。こうした手続きの重複を一本の連携協約に集約できれば手続きの簡素化にもつながるであろう。

　また、連携協約については、「議会の議決を経て締結され、紛争解決の手続きも盛り込まれていることから、首長の交代があっても、団体間で安定的、継続的に連携が可能になる」ということができる。

　さらに、「公益上必要がある場合」は、都道府県が締結するものについては総務大臣、それ以外については都道府県知事が連携協約を締結すべきことを勧告することができる（地方自治法252条の2第5項）になっている点は、国及

び都道府県の関与を強化した内容になっており、地域の自主性を阻害する可能性があるため、公益上必要がある場合の判断が注目される。

以上のように、実効性を持たせた制度を導入するためにも地方自治法上の契約として規定する必要があったと考える。

(2)「事務の代替執行」制度の創設

事務の代替執行（地方自治法第252条の16の2）の制度は、自治体（代替団体）が他の自治体（被代替団体）の求めに応じて、協議により規約を定め、被代替団体の事務の一部を、被代替団体（又は長若しくは同種の委員会若しくは委員）の名において管理及び執行することができるとするものであり、それは、被代替団体が管理及び執行したものとして効力を有するものである。この制度は、「代理」又は代理に類するものと思われる（図表3-5）。

第30次地制調答申において、「小規模な市町村などで処理が困難な事務が生じた場合において、……当該市町村を包括する都道府県が、事務の一部を市町村に代わって処理する役割を担うことも考えられる、……地方公共団体間の柔軟な連携の仕組みを制度化し活用することにより、都道府県が事務の一部を市町村に代わって処理することができるようにするべきである」とされたことを勘案したものである。

この2014年地方自治法改正により創設された事務の代替執行の制度は、第30次地制調答申よりも対象範囲を拡大し、市町村と都道府県の間だけでなく、市町村相互間でも活用することができるよう自治法改正が行われている点は注目すべきである。このような国や自治体が他自治体の事務を処理する、いわゆる「代行」については、既に立法例が見られる。例えば、過疎地域自立促進特別措置法の基幹的な道路及び公共下水道の幹線管渠等の代行（同法14条、同15条）、災害対策基本法の都道府県知事による応急措置の代行（同法73条）、新型インフルエンザ等対策特別措置法による緊急事態措置の代行（同法38条第2

図表3-5　権限の委任、決定代理・授権代理

種類	法律の根拠	法効果の帰属
委任	必要	代替団体
法定代理	必要	被代替団体
授権代理	不要	被代替団体

〔出典〕田中二郎『行政法（中）』弘文堂、p.35 等から作成

項)、大規模災害からの復興に関する法律（同法第42条以下）である。これらの立法例は、いずれも特別な事務・事業や特別の事情の下で事務・事業を処理できない又は責任を負えない場合等において特例的に代行する者が、代行する者の名において処理するものである。

　2014年地方自治法改正で設けた事務の代替執行は、代替執行を求める自治体の名において管理及び執行されるのであるから、被代替団体の行為として効力を有し、その責任も被代替団体が負うことになる。松本英昭氏は、「当然、被代替団体の議会が他自治体である代替団体が行う管理及び執行について審議し、監視することが制度的に成り立つものか疑問であるし、実際にも困難であろう」と主張し、さらに、「この事務の代替執行の制度は、被代替団体の自らの事務でありながら、その事務についての議会の審議、監視の機能は及ばなくする制度と言わざるを得ず、当初の協議について議会の議決を経るとしても、かかる制度を一般的な制度として定めることは、自治の基本に照らして大いに問題がある」と指摘する［松本英昭『要説 地方自治法──新地方自治制度の全容(第8次改訂版)【補遺版②】』ぎょうせい、2014］。

第5節 震災ガバナンス時代の政策法務

1 震災共生時代のガバナンス

　文部科学省の地震調査研究推進本部によると、ここ30年以内に、南関東地域でM7の地震が起こる確率は70％、南東海地域でM8.1の地震が起こる可能性が70％、南海地震と同時の場合はM8.5、南海地震でM8.4前後が60％、北海道の根室沖でM7.9が40〜50％と可能性がある。このように、いつ大震災が起こるとも分からない事態が今後長く続くことになり、日本社会全体が災害緊急業務、通常業務、復興業務、の3つを同時に並行的に行わなければならなくなったのである。

　鈴木庸夫千葉大学名誉教授が、「震災ガバナンス」時代と名付けるのは、日本社会全体がこうした状況にあり（文部科学省地震調査研究推進本部資料）、政府、全国の自治体、民間企業、その他の団体もまずはこうした事態を共通のものとして受け止めなければならないことを強調した。ガバナンスを担う各団体も個人も震災共生時代に入ったという共通認識を持つことが不可欠である。ガバナンスの意味については、1980年代から90年代にかけて「協働」という言葉を合言葉に、公共政策の担い手が、政府のみでなく、民間部門もまた公共的課題の解決者たりうるという主張が高まったことによるものである。

　基本的には、政府、自治体ともに、ガバナンスの主体であり、これに民間の社会諸組織もガバナンスの主体と加わるとやや広めの意味でのガバナンスということである。

　ここで大切なのは、わが国でも多様な規制緩和が行われ、協働や民営化政策実施されたことは記憶に新しく、例えば、公共部門においても外部委託制度、指定管理者制度などが導入された結果、公共部門でも民間企業・NPOなどが担っているということである。

　今回の東日本大震災においても、民間部門やNPOの果たす役割が極めて迅速であったのに対して、災害対策基本法や災害救助法に基づく政府機関による

支援や救助活動は後手、後手に回ったのも事実である。さらに、応急対応においては、民間部門の活動や自治体間の水平的支援は目を見張るものがあったといえる。

2 東日本大震災における各自治体の対応

阪神淡路大震災が多くのボランティアが駆け付けたことが特徴として取り上げられたのに対して、東日本大震災は、自主的水平的な連携が注目された［上林陽治「大震災から生まれた三つの『元年』の萌芽」『現代の理論』2011年夏号、pp.144-154］。

(1) 静岡県袋井市の例

静岡県袋井市は、東日本大震災の発生した翌日の12日に、静岡県袋井市と災害協定を結んでいた民間団体「シビック・フォース（東京）」の支援要請を受けて、職員6人はテントなどの物資を積み、第1隊員として宮城県に向かった。14日には、静岡県袋井市と栃木県大田原市は「五街道どまん中防災協力宣言都市」を取り交わした仲だった。静岡県袋井市は、栃木県大田原市へ向けて要請されたブルーシート300枚を支援するため、第2隊として出発したのである。その後も、宮城県岩沼市、岩手県釜石市、岩手県陸前高田市、宮城県七ヶ浜町へと支援物資とともに職員を派遣した。

(2) 愛知県東海市の例

愛知県東海市は、新日本製鐵（現・新日鐵住金）の事業所がある縁で岩手県釜石市と災害防止協定を締結している。愛知県東海市は、地震発生から約5時間後には、消防職員4名による先遣隊が出発していた。13日には先導車及び救援物資を乗せたトラック4台が釜石市に向かった。

このように国からの指示を待つまでもなく、市町村や都道府県が自らの判断で救援や支援に動き出す。被災地は混乱して連絡も取れないのであるから、自ら被災地に出向きベースキャンプを作り、情報を収集して、何が必要な物資かを判断し、そして派遣元自治体に伝え、第2次、第3次と続いた。こうした自治体の迅速な連携につながったのが、自治体間で締結されてきた「災害時相互応援協定」（巻末資料2）である。

3　自治体間の災害時相互応援協定と国の対応

　阪神淡路大震災（1995年1月17日）を契機にして、1996年7月には全国知事会において「全国都道府県における災害時の広域応援に関する協定」が締結された。

　都道府県間の応援協定では対応できない災害が発生した場合における、広域的相互応援体制を整備しようとしていた。

　平成22年消防白書によると、市町村においても全国レベルでの応援体制の整備が進められ、2008年4月1日現在、1750市町村のうち1571市町村が震災時における相互応援協定等を締結しているが、自治体間相互応援協定の契機（きっかけ）はさまざまである。

(1) 東京都杉並区の自治体スクラム会議

　東京都杉並区は、福島県南相馬市(みなみそうま)と災害時相互援助協定を結んでいた。両者が協定締結に至ったのは、1974年に杉並区のサッカーチームが当時の福島県原町市(はらまち)※のチームと親善試合を行ったことから交流が始まった。原町市制50周年を記念して2003年度に災害時相互援助協定を締結したのである。南相馬市となった2007年は、杉並区との間で改めて協定を締結している。

　東日本大震災では、東京都杉並区は福島県南相馬市の避難者約230人を同区が福島県東吾妻町に所有する宿泊施設に受け入れたのである。震災後、東京都杉並区は、災害協定を結んでいる3つの自治体（群馬県東吾妻町(ひがしあがつまちょう)、新潟県小千谷市(おぢや)、北海道名寄市(なよろ)）に呼びかけ南相馬市を支援する「自治体スクラム会議」を設立した。幹事役になっている杉並区は、群馬県東吾妻町、新潟県小千谷市と調整し、避難所を確保し、北海道名寄市は南相馬市に食料を支援した。避難者の半数近くが避難している群馬県東吾妻町のために「南相馬市出張所」も設置した。さらに、杉並区は、同区内の町内会や商店街を通じた義捐金1億円を南相馬市に送った。

(2) 東京都目黒区と宮城県気仙沼市の友好都市協定

　東京都目黒区と宮城県気仙沼市(けせんぬま)の関係は、1996年から宮城県の気仙沼港に揚がったサンマを東京都目黒区内で炭火焼にして、無料で振る舞う「目黒のさんま祭り」が契機になって、2001年9月に災害時相互援助協定を締結、2010年には、防災、地域振興、産業経済、教育文化など幅広い分野にわたり協力し合うことを確認する友好都市協定を締結した。

※　原町市は2006年に、小高町及び鹿島町と合併、南相馬市が誕生した。

(3) 関西広域連合のカウンターパート方式

　関西広域連合は、自治体の支援方法として、「対口支援」というスキームを描いた。これは四川大地震で中国政府が活用したものであり、比較的経済の発展した省や直轄市が被害が大きかった地区の再建を1対1でパートナー支援する仕組みのことである。

　関西広域連合の被災県ごとに支援担当府県を決めるカウンターパート方式も対口支援をモデルにしている。京都府と滋賀県は福島県、大阪府と和歌山県は岩手県、兵庫県と徳島県と鳥取県は宮城県を中心に支援することにした。現地にも連絡事務所を置くことにしたが、あまり効果がなかった。その理由として、支援先の相手先の県段階では、市町村への直接支援は間接的にしか行えていなかった点、広域連合という仕組みから、構成府県の調整に時間を費やし出遅れた点が挙げられる。

(4) 国による支援（災害対策基本法、災害援助法に基づく支援）

　一方、国の被災地の救助支援体制は、災害対策基本法、災害救助法に基づくものであり、極めて垂直型支援である。市町村からすれば、自衛隊の派遣ばかりでなく、他自治体の職員である消防職員、上下水道技術者、事務職員の派遣についても、都道府県を通して国に要請文をあげて、国や都道府県や全国市長会・町村会の調整が済んでから職員の派遣が実施される仕組みである。この仕組みで行われた経費は国が負担する仕組みである（図表3-6）。

図表3-6　市町村職員の派遣スキーム

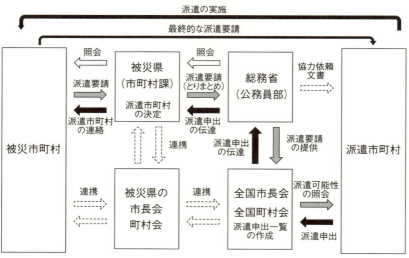

〔出典〕総務省資料

(5) 自治体間応援協定の評価

　国からの指示を待つまでもなく、大震災直後から災害時の応援協定や姉妹都市協定などに基づき、被災地県が取りまとめる被災自治体の要望を聞くまでもなく、自治体自らの判断で被災自治体に出向いて、被災自治体の職員と協力しながら救援活動を行ってきた。

　このような自治体連合による支援が奏効したのが東日本大震災の特徴であり、「水平的支援」「水平的補完」と呼ぶことができよう。今後の震災ガバナンスにおいて、この「水平的支援」が重要な役割を果たしてきた。非常時において効果を発揮するのは、垂直的な意思伝達・支援ではなく、自治的・自律的な判断を基本においた横断的連携である。ただ、これには、法的根拠もなく、財政的援助もないものである。このような自治体連合による支援が奏効したのが東日本大震災の特徴であり、「水平的支援」「水平的補完」と呼ぶことができよう。

　こうした評価は、東日本大震災（平成23［2011］年）前の平成18年の消防白書でも「震災時の広域応援は、被災地における救援・救護及び災害応急・復旧対策並びに復興対策に係る人的・物的支援、施設や業務の提携等が迅速かつ効率的に実施される必要があることから、今後も地方公共団体は広域応援協定の締結・見直しを更に推進し、防災関連計画において広域応援に関する事項を明らかにしておく必要がある」と述べられており、今後の震災ガバナンスにおいて、この「水平的支援」重要な役割を果たすように示唆していた。

4　災害時応援協定の法的性質

　災害時応援協定の法的性格は、自治体と自治体間および自治体と民間事業者間の「信頼」「信用」「信義」を基盤とした制度であり、「支援」「貢献」「連携」といったソフトローであり、ハードな契約ではない。また、災害時の応援協定には、2つの種類がある。

　①自治体間の災害時相互応援協定に関する協定、②自治体と民間事業者との協定（巻末資料1・資料2）であるが、ともに法律に根拠が無いという点で共通している。後者は、「地域防災協定計画」に基づく応急措置のためとなっており、法的措置をもつようにみえるが、協定の内容をみると内容は確定的な内容になっていない。

　法的性質としては、①当事者の道義的責任を宣言したものに過ぎず、法的拘

束力はないとして紳士協定説、②当事者の合意により具体的な権利義務を取り決めたものであって、法的拘束力を持つとする行政契約説がある。また、全ての条項において、契約の性質を全面的に認めるものではなく、努力義務を定めた抽象的な・訓示的な規定部分と法的拘束力のある契約条項的な規定部分の両者を含み、全体として契約上の契約の性質を有するとする見解もある。

　以上のような説があるが、結局のところ、当該協定が法的強制力をもち裁判規範たり得るかどうかだけを議論しているのであり、協定の実質的な機能に即した考察ではないように思われる。応援協定については、法的性質は、紳士協定説でもなく、行政契約説でもない新たなコミュニケーションルールといえる。

5　コミュニケーション型立法

　政策法務における「法」は従来、法的強制をもつものであり、裁判所による権利利益の強制的実現を図る命令と強制のルールであった。一方、震災ガバナンス時代ではコミュニケーション型ルール＝「コミュニケーション型立法」が中心的なルールとなると考えられる。コミュニケーション型ルールは、厳密な法的要件・法的効果が前提にならず、関係者の合意や信頼、説得を醸成するような法理念や法手段が重視される。

　災害時に必要となるリスクコミュニケーション（Risk Communication）とは、関係者がリスクに関する情報を共有することによって、協働して意思疎通をとることとされている。社会をとりまくリスクに関する情報を行政、専門家、企業、市民などが、関係主体として情報を相互に共有し、その意思疎通を図り、合意形成を行っていく手段である。

　災害時においては、往々にして自治体行政の能力を超える事態が発生し、市民や事業者や他自治体との協力なくしては事態の収拾が困難なことが多い。そこで、避難や救助、近隣住民の安否確認などの関係主体の協力を得ることで被害の最小化につなげるような場合が想定される。そのためにリスクや災害についての意見や情報を交換し、情報を共有し合うリスクコミュニケーションが不可欠とされている。

　自治体と事業者、行政と市民、自治地と自治体が協力して地域防災力の向上を図るため、ハザードマップをもとに図上訓練やワークショップなどが行われている。実は応援協定もこうしたリスクコミュニケーションを基礎としている。

図表 3-7　従来の政策法務と震災ガバナンス時代の政策法務

従来の政策法務	震災ガバナンス時代の政策法務
手続きに時間をかけて、問題解決のシナリオを作成する。 （事前に評価［検証］して案を作成）	手続きに時間をかけずに、権限を現場に集中させて、定める規定は、一般的条項（概括規定）評価は事後的評価にする。
立法事実を踏まえて、国の定める法律の関係を重視して条例を検討する。（法の立案機能）	予防（平時）段階 時代にあった協定・条例になっているかどうか見直す。 （条例・協定の適時性の確保）
厳格法要件（厳格な規定）、効果が前提になる。	関係者の合意や信頼、説得が得られるような法理念、法手段（一般法・概括規定）を重視。

［出典］筆者作成

　リスクを共有することで、そこに相互の役割を設定できる根拠ができ、そこに「関係性＝ネットワーク」が成立している。つまりリスクコミュニケーションを通じて「信頼」を醸成される契機があるのである。

　法の理念や手続は、規範の受け手である関係当事者によって基本計画や実施計画などの手法で段階的に具体化されていく。こうした理念や原則の具体化のプロセスそのものが、コミュニケーション型立法の実現過程である。狙いは、こうした討議や議論を通じた関係当事者の役割分担設定、事業計画の実施などによって、関係当事者自らが、法理念や法目的実現のために、意識改革や態度変容を促進し、相互のネットワークを強化させることである。

　例えば、具体的には、応援協定は、具体的個別的な債権債務関係を取り決めた契約と位置づけることは困難である。自治体の応援協定も「要請」「応急措置」「物資の提供」「人員の派遣」「緊急物資の供給」などといった大まかな内容であり、特定の債権債務といった性質を持っていない。これらの協定の真意は、自治体間もしくは行政と民間事業者との要請と物資等の供給等の実施について相互の信頼を前提とした協議が行われ、次いで事業が実施されるところにある。つまり、応援協定は、災害時における「相互協力」「相互信頼」を前提として成立しているものなのである。そこでは、相互によって概括的な目的が、相互のコミュニケーションによって具体化することが決められている。その基礎には、リスクに対する情報が（その時期、その時期に）共有され、協働して

災害に対処するために「信頼」がある。いいかえれば、時代にあったリスク情報が共有されていなければならない。

つまり、応援協定は、こうした協働のコミュニケーションを基礎とするコミュニケーション型の立法の一つなのである

6 被災地支援条例

「被災地支援条例」とは、被災地自治体が制定する被災者支援に関する条例ではなく、直接的な被害はない自治体（特に市町村）が、被災地に対して救援を行ったり人的支援をしたりし、あるいは、被災者の受入れや、受け入れた被災者の各種支援を行ったりすること、つまり、被災地・被災者に対する各種支援や被災自治体の災害復旧支援を行うことについて定める条例のことである。ここで被災「者」支援としていないのは、直接的な被害を受けた自治体におけるその自治体での被災住民への支援を想起してしまうため、被災「地」支援としているようである。

東日本大震災関連では、
・北海道の「根室市東日本大震災被災地等の支援に関する条例」

（巻末資料3参照）

・神奈川県大井町の「東日本大震災の被災者に対する支援に関する条例」
・神奈川県開成町の「平成23年東北地方太平洋沖被災者に対する支援に関する条例」

がある。

これらの条例には、特定の（おそらく大規模な）災害に対する、広汎・多様な支援について施策の内容やその体系化・規律化を図る条例がある。これを「特定」型ということができる。

一方で、特定の災害ではなく、他地域での災害が起きたときに当該自治体が講ずる条例を定めた条例がある。これを「非特定化」型ということができる。例えば、武蔵野市大規模災害被災地支援条例（1995年3月制定）、港区大規模災害被災地の支援等に関する条例（2005年3月制定）である。

このような条例を設けることについては、「直接的な災害の被災地ではない自治体が被災地に対して行う支援活動は、「地域における事務」ではないので条例は制定できないではないか」という指摘がある。しかし、被災者（避難さ

れる方）を当地で受け入れて支援する場合は、その自治体における「地域の事務」であるから、その強弁は当たらないのである。

　それどころか、被災者住民に対する支援の多くは、特別の経費の支出を伴うと思われる。そうすると、住民の税金がその地域の住民ではない人に投じられることになり、そのことを首長の全面的な裁量に委ねられることは、妥当性を欠く。

　個別施策（公営住宅の無償使用など）の中には、住民から見れば被災者を特別に優遇するものも出てくるから、施策の内容と影響にもよるが、特定の支援内容については、条例による規律で定めるべきものである。

　自治体と被災地との地域的・経済的な関係やその他の影響などから、支援の内容は異なってくるものの、被災「地」支援をすることをその自治体の事務とし、条例を制定することは、法的には支障がないし、個別の支援策については、公正・妥当性の確保のための条例の制定が必要な事項も出てくる。確かに、条例化することで、条例化したこと以外の支援は行えないというおそれもある。しかし、ある程度継続的な被災地支援を計画的・体系的・総合的に実施する場合は、それらを担保し、さらに自治体組織の被災地支援の裁量統制を図るために、条例化を考える必要がある。

　支援条例の主な内容は、第一に、自治体側からの被災地ないし被災地に居住する住民に対する物的・人的支援である。第二に、被災地からその自治体に避難をしてきた被災地住民に対する支援（義援金支給、公営住宅の無償提供、被災地の企業の受け入れに伴う税の減免等優遇措置など）である。第一の「被災地ないし被災地に居住する住民に対する物的・人的支援」については、根室市の条例では、経済的支援（義援金など）、物資支援、人材支援が該当する。第二の避難されてきた住民に対する支援としては、根室市条例では、受入支援、企業移転支援などがある。

　受入支援としては、一次避難所の設置、住宅の無償提供、仮設住宅の提供、生活資金等の提供、生活物資の無償給付、保育・修学・地元就労などがあげられる。

　企業移転支援としては、被災地から移転してその自治体で起業等をする場合の税の減免などが挙げられる。

①避難所

　避難してきた被災者を受け入れる（一時）避難所を公営住宅に準ずるものと考えると公の施設と位置づけることができ、その設置管理は、条例事項ということができる。

②支援金（見舞金）等の支給

　支援金等の制度内容については、その支給の根拠、支援金の受給資格、支給金額、回数などを定めておくべきである。支給手続についても明確に定めておくことが求められる。不正支給の場合の返還規定なども定めておくことが考えられる。

③公営住宅等の無償提供

　提供にかかる手続、提供を受ける資格のあるものから暴力団員と関係がないかなどといった規定例がある。

④支援策の一覧化

　住民にとっては、自治体が被災地にどのような支援をしてくれるか、根室市が一覧化・体系化したことでわかりやすくなる。

⑤時限立法

　1年間といった時限立法を定めることも時限措置は規定しなくてもよいのではないか検討する必要がある。

7　災害対策条例

　災害対策条例は、阪神・淡路大震災の発生以来、地震による災害への対応が関心が集まっていたものが、その後、台風による風水害等の地震以外の自然災害が多発しその被害が甚大であったことから、災害全体を対象とした条例へと関心がシフトした。ここでは、宮崎県を例に見通しの視点を示す。

　宮崎県では宮崎県防災対策推進条例を制定しており、予防、応急、復旧・復興、風水害拡大に関する規定をおいていたが、東日本大震災は、これまで制定されてきた災害対策条例では想定できなかった想定を上回る事象が発生しており、新たな内容・改正すべき内容について以下の点を注意されたい。

　第一に「予防」に関する規定をおいているが、宮崎県の規定は、建築物の安全管理等について規定しているものの、津波・火災及び土砂災害等について明確に規定しておく必要がある。「原子力発電所への対応」に関する規定として、原子力安全協定は、原子力発電所の安全に係る事項に自治体が関与することができる重要な役割を担っているが、当該協定に盛り込むべき内容、協定締結・改定や原子炉等の新設・増設の事前了承を行う際の議会・住民の関与等の意思決定手続、当該事前了承の基準といった事項をあらかじめ定めておく必要があ

る。そして、地震・津波の影響で原子炉の運転が停止された後の運転再開に当たっては、立地自治体等の事前承認を原子力協定に盛り込むことを災害防止条例に盛り込むことも検討に値する。

第二に「役所・役場機能の弱体化への対応」であるが東日本大震災での津波により、役所・役場の庁舎が全壊したり、多くの職員が犠牲になったりすることで弱体化した市町村がある。

この場合、補完性の原則により、都道府県及び国が支援することが考えられるが、東日本大震災への対応では、他の市町村による積極的な支援も行われている。被災した市町村にとっては、地震や津波の発生直後は混乱が生じ、どこにどのような支援を求めたらいいか、判断がつかないことになる。

そこで、他市町村との災害相互援助協定を締結するなどの措置を講じるとともに、災害発生時には、当該協定を締結した市町村等に支援を求めることを災害対策条例に定めることにより、迅速な支援の要請が行われることが期待される。

また、他に被災した自治体があった場合に、要請の有無にかかわらず支援を行うことを災害対策条例に規定することも考えられる。

8　東日本大震災復興特別区域法と上書き権

ここでは、東日本大震災特別区域法と上書き権との関係を学び、今後の政策法務の可能性を学びたい［岩崎忠「東日本大震災復興特別区域法と上書き権」『地方自治職員研修』（2012年2月号）］。

（1）東日本大震災復興特別区域法（＝復興特区法）案

政府は、東日本大震災復興基本法、東日本大震災復興構想会議の「復興への提言―悲惨のなかの希望―」及び、東日本復興対策本部の**「東日本大震災からの復興の基本方針」**を踏まえ、2011（平成23）年10月28日に復興特区法案を提出した。

法案の主な内容としては、①政府は、復興特別区域における「復興特別区域基本方針」を定め、②被災地域の自治体は、単独または他の自治体と共同して復興推進計画を作成し、内閣総理大臣の認定を受けたときは、各種規制、手続の特例措置、税、金融上の支援措置の適用を受けることができるとした。また、③被災地域の市町村で、市街地整備事業、農業生産基盤整備事業等の事業を実施する必要がある地域には、単独又は都道府県と共同して復興整備計画を作成

できるものとし、復興整備計画が公表されたときは、土地利用基本計画等の変更や土地利用に係る許認可等がなされたものとみなすこととした。さらに、④被災の市町村は、単独又は都道府県と共同して、復興交付金事業計画を作成し、内閣総理大臣に提出し、国の予算の範囲内で、提出された計画に係る事業等の実施経費に充てるための復興交付金の交付を受けることができるとした。

（2）復興特区法案の修正

　この復興特区法案は、衆議院東日本復興特別委員会において審査を行う中で、修正に向けて民主党（当時）・自民党・公明党等の間で議論が行われた。11月29日には、新たな規制の特例措置等に関する提案に関する事項、国と地方の協議会における協議結果の尊重義務に関する事項、復興交付金に関する事項等についての修正案が、民主党・自民党・公明党等の議員から提出された。修正案及び修正部分を除く原案は、衆議院本会議で可決成立し、12月7日に成立した（図表3-8）。

　主な改正点としては、①自治体が「復興特別意見書」を国会に提出できるようにし、国会は必要に応じて立法措置をとること、②首相に対して、「国と地方の協議会」の協議の経過及び内容を国会に報告するように義務づけること、③復興交付金の支給対象となる40事業だけでなく、その関連事業を対象にすること、④原発事故の賠償に関連する自治体の事業も復興交付金の支給対象に含めるものである。

図表3-8　復興特区と交付金申請の流れ

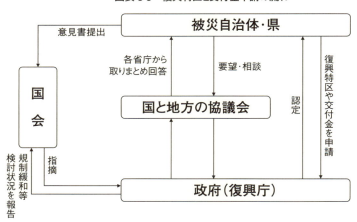

〔出典〕筆者作成

（3）復興特区法と上書き権

　復興特区法案の当初案では、政令及び省令により規定された規制に関し、条例で規制の特例措置を適用する旨(むね)を定め、総合特区法（第25条、第54条）と同様の規定を設けていた。この点について、法案の範囲を超えた規制緩和が必要な場合に備えて、被災自治体が国の許可なく、迅速(じんそく)に変更できるようにすべきという視点から、国の法律による規制を撤廃できるようにする「上書き権」を盛り込むべきであるという意見が、公明党や民主党(当時) PT（プロジェクトチーム）等で多く出されていた。

　第179回臨時国会衆議院本会議（2011［平成23］年11月18日）において、高木美智代議員（公明党）は、「この法律では、法や政省令等による規制の緩和が必要な場合、自治体は国と地方の協議会に対し新たな提案ができる……。同時に、自治体から国会に対して、同じ内容での特別の意見書を提出していただいてはいかがかと考えます。地方自治法第99条による通常の意見書とは別に、仮称、復興特別意見書として定め、被災自治体から国会に直接意見や提案を伝えられる手段を強化するのです。……地方から提出される、仮称、復興特別意見書の受け皿として、国会における特別立法チームの創設です。これは、例えば復興特別委員会のもとに特別立法小委員会として設置……します。……地方自治体は、国会もしくは政府による法的措置が終えた後、必要に応じて条例をすみやかに制定すればよい……。……この新たなスキームを、非常時における実質的な条例の上書きであると思います。是非とも……実現してまいりたい……ので、……宜しくお願いします」という質問をしている。この質問に対して、平野達男国務大臣は、「復興特区法案に関しまして、復興特別意見書、あるいは、国会の関与の強化等の実質的な条例の上書きということに関しての御提案をいただきました。……法案修正を伴うということでありますれば、政府といたしましては、法案を国会に提出した以上、その修正については国会での議論に委ねられるものと考えられる……いわゆる条例による上書きにつきましては、唯一の立法機関である国会に対して地方公共団体の立法権限の一部の移譲を求めるものであり、政府提案として国会に提出することは控えるべきとの考え方に基づき、復興特区法案には盛り込まなかった」と答弁している。

　この答弁は、まるで、内閣法制局の見解として、憲法は、国会を唯一の立法機関と定め、条例は法律の範囲内で制定することができるとしているので、条例で法律を変えることは憲法上認められないが、一方で、衆議院法制局は条例に

従って国会で法律を修正すればいいといっているかのような内容であったと思う。例えば、復興特別区域計画で、法律規定事項（例えば、漁業の再生に関する事項）に係る規制について条例で特別な措置を定め、その申請に条例を添付し、内閣総理大臣を経由して国会に提出する。そして、国会は法解釈をして、法律の趣旨目的を阻害しないと認めるときは、その旨を議決する。

一方、法律の趣旨目的を阻害すると認めるときは、条例を適用するために必要な限度で当該法律の規定を適用しない旨を定める法律を制定することにする。このような復興特区法の運用がなされれば、実質的な法律の上書きが確保したということができる。今後、どのように運用されるか注目したい。また、法律で一部の地域を対象とする法律を制定する際、日本国憲法第95条※に基づき、住民投票の要否について検討するという視点も大切になる。

（4）復興特区法の今後の課題

この法律の対象地域は、被災した11道県の222市町村であり、特例措置は、規制・手続等の特例、土地利用再編の特例、税財政上の特例という3つの特例措置となっており、税制上の優遇策（新規立地企業の法人税5年間免除）については、企業進出のインセンティブになると思われるので、被災地の雇用確保のために期待できる。一方で、被災自治体には小規模な町村が多く、受け皿となる町村には新しいまちづくりを担当する職員が不足しているため、特区制度の活用のためにも経験を積んだ職員が求められる。

この特区制度の効果を発揮するためには、必要に応じて制度を柔軟に見直したり、自治体の意見を柔軟に反映するような運用をすることを期待したい。

※ 日本国憲法 第95条「一（ひとつ）の地方公共団体のみに適用される特別法は、法律の定めるところにより、その地方公共団体の住民の投票においてその過半数の同意を得なければ、国会は、これを制定することができない」

【資料１】

市と民間事業者との応援協定の例

災害時における食料および生活必需品の供給に関する協定

　△市（以下「甲」という。）と株式会社□□（以下「乙」という。）とは、災害対策基本法（昭和36年法律第223号）第二条第一号に規定する災害（以下「災害」という。）が発生した場合に、「△△市地域防災計画」に基づく応急処置の為に食料及び生活必需品（以下「物資」という。）が必要となった場合に、その供給に関する「乙」の□□店、□□店及び□□店の協力に関して次の通り協定を締結する。

（目的）
第一条　この協定は、災害が発生した場合に、速やかに物資の供給を実施し、市民の日常生活の安定及び確保を図ることを目的とする。

（供給の要請）
第二条　甲は、前条の目的を達成するため、物資の供給を受けようとするときは、乙に供給を要請するものとする。

（供給の実施）
第三条　乙は、前条の規定により供給の要請を受けたときは、甲に対し可能な範囲内で物資を供給するものとする。

（供給対象物資）
第四条　物資の種類は、乙が取り扱っているもののうち、甲が緊急に必要とする物資とする。

（物資の引き渡し）
第五条　甲は、乙の指定する店舗の店頭で、当該物資の引き渡しを受けるものとし、その運搬は甲が行うものとする。ただし、甲において運搬が著しく困難な場合は、乙はその運搬に協力するものとする。

（経費の負担）
第六条　甲の要請に基づき乙から引き渡しを受けた物資の代金及び第五条ただし書の規定により乙が輸送を行った場合に要する経費は、甲が負担するものとする。

（価格の決定）
第七条　乙から供給を受ける物資の価格は、災害の発生する直前時における乙の店頭表示価格を基準とし、甲、乙協議して決定する。また、前条ただし書の規定により乙が物資の運搬を行った場合の経費も、甲、乙、協議して決定する。

（支払い）
第八条　甲は乙から引き渡しを受けた物資の代金及び前条ただし書きに規定する乙が物資の運搬を行った場合の経費を、乙の請求に基づき支払うものとする。

（協定の有効期限及び更新）
第九条　この協定の有効期間は、協定締結の日から一年間とする。

【資料1（続き）】

　2　前項の規定に関わらず、期間満了の日一か月前までに甲又は乙のいずれからも別段の申し出がなされないときは、前項の期間が満了した後においてもこの協定を同一条件で更新したものとし、その後においても同様とする。
　（協議）
第十条　この協定に関する疑義及びこの協定に定めのない事項については、その都度、甲、乙協議して決定する。
　2　この協定に基づく「乙」の連絡先は△△店とする。

　附則

　施行期日
1この協定は，平成　年　月　日から施行する。
この協定締結の証として、本協定書2通を作成し、甲、乙、記名押印のうえ、各自一通を保有する。

　　　　　　　　　　　　　　平成　年　月　日
　　　　　　　　　　　　　　甲　△△市　市長　△△△△
　　　　　　　　　　　　　　乙　株式会社□□　代表取締役　□□□□

【資料2】

自治体間応援協定の例

災害時相互応援に関する協定
　○○市及び△△市は、地震などの大規模災害が発生し、被災市のみでは十分な応急処置が実施できない場合に、両市間で相互応援を行うことについて、次のとおり協定を締結する。
　（応援の内容）
第一条　応援の内容は、次のとおりとする。
(1) 物資などの提供及び斡旋並びに人員の派遣
　　ア　食料、飲料水及び生活必需物資並びにそれらの供給に必要な資器材の提供並びに斡旋
　　イ　被災者の救出、医療、防疫、施設の応急復旧等に必要な物資及び資器材の提供並びに斡旋
　　ウ　救援及び救助活動に必要な車両等の提供並びに斡旋
　　エ　救助及び応急復旧に必要な医療系職、技術系職、技能系職等職員の派遣
(2) その他特に要請があった場合
　（応援要請）
第二条　応援の要請は、別に定める連絡担当部局を通じて行うものとする。
　（応援経費の負担）
第三条　応援に要した経費は、原則として応援を要請した市の負担とする。ただし、第一条第一号エの職員派遣に伴う経費は、別に定めるところによる。
　（資材の交換）
第四条　この協定に基づく援助が円滑に行われるよう地域防災計画その他必要な資料を相互に交換するものとする。
　（その他）
第五条　この協定の実施に関し必要な事項については、その都度協議して定めるものとする。

　この協定の締結を証するため、本協定書2通を作成し、双方は記名押印の上、各1通を保有するものとする。

平成　年　月　日
○○市長　○○○○
△△市長　△△△△

【資料3】

根室市東日本大震災被災地等の支援に関する条例
（平成23年4月14日条例第7号）

（目的）
第1条　この条例は、法令に定めるもののほか、東日本大震災に見舞われた地域等に対し、支援活動を行うことを目的とする。

（定義）
第2条　この条例において「東日本大震災」とは、平成23年4月1日に閣議決定された東北地方太平洋沖地震による災害をいう。

2　この条例において次の各号に掲げる用語の意義は、当該各号に定めるところによる。
　(1) 被災地　東日本大震災により災害救助法（昭和22年法律第118号）の適用を受けた地域をいう。
　(2) 被災者　被災地に居住し被害を受けた者をいう。
　(3) 被災企業　被災地に所在し被害を受けた企業をいう。
　(4) 被災外来漁船　被災地において被害を受けた漁船のうち、根室市に入港実績がある漁船をいう。
　(5) 原発事故避難者　東京電力福島第1原子力発電所事故に伴う制限区域の設定により、避難指示を受け避難した者又は屋内退避指示を受け自主避難した者をいう。

3　前項各号に規定する用語の総称として「被災地等」を用いるものとする。

（支援及び対象者）
第3条　被災地等への支援は別表の通りとする。

2　別表に掲げる支援の対象となる被災者は、地震及び津波により家屋を失った者、原発事故避難者及び企業再建就労のため一時的に根室市を生活の拠点とする者等のうち、支援内容に応じて市長が別に定める者とする。

（費用の負担）
第4条　市は、前条に規定する支援を行った場合は、当該支援に要した費用を負担するものとする。ただし、市長と国、都道府県及び被災地等の市町村（以下「市町村等」という。）の長との協議により当該市町村等が負担するものについては、この限りでない。

（公表）
第5条　市長は、この条例による支援を行ったときは、速やかに、その内容を公表しなければならない。

（教育委員会との事務の協議）
第6条　別表に定める支援のうち、地方教育行政の組織及び運営に関する法律（昭和31年法律第162号）第23条各号に定める事項に関する支援は、教育委員会と協議する。

（委任）
第7条　この条例の施行に関し必要な事項は、市長が別に定める。

　附則
　この条例は、公布の日から施行し、平成23年4月1日から適用する。

別表

支援分野	支援種別	支援内容等
経済救援	被災地に対する義援金	市長が特に必要と認める市町村に対し、義援金を送付する（1市町村あたり100万円とする。ただし、市長が特に必要と認める場合、別に定める額を加算する）。
	被災外来漁船に対する見舞金	根室市外来漁船誘致促進会が送付する見舞金に挺出する（ただし、1隻あたり70,000円以内とする）。
物資救援	被災地に対する物資援助	被災地の要請に基づく物資救援を行う。
人材派遣	被災地に対する人材派遣	被災地の復興応援等にあたる人材を派遣する。
受入支援	被災者に対する住宅の無償提供	可能な範囲で市営住宅等を確保し、6か月を超えない範囲で無償提供する。ただし、光熱水費はこれに含まない。
	被災者に対する仮設住宅建設地の提供	仮設住宅建設地提供の要請があった場合、可能な範囲で市有地を無償提供する。
	被災者に対する生活資金等の支給	3か月を限度として、1人あたり1か月30,000円を超えない範囲で支給する。ただし、1世帯当たり1か月120,000円を限度とする。
	被災者に対する生活物資の無償給付等	生活必需品のうち、市長が特に必要と認める物に限り無償提供等を行う。
	被災者受入市民ボランティア登録	直ちに市営住宅等の提供が困難な場合、提供可能となるまでの間、ホームステイが可能な家庭を募集し登録する。
	被災者に対する保育・就学支援	各種現行制度に基づく保育・就学支援を幼児・児童・生徒に対し行う。
	被災者に対する保健・福祉支援	高齢者・疾病患者・障がい者等に対し、保健師等の個別訪問による健康相談業務等を行う。
	被災者に対する地元就労支援	市内での就労希望者に対し、就労支援を行う。
企業移転支援	被災企業等に対する移転再建支援	移転により市内で再建又は、起業する場合、固定資産税並びに法人市民税を3年間、減免措置を講じる。ただし、市長が特に必要と認める場合は、引き続き最大2年間、減免措置を延長することができる。

参考文献

縣 公一郎・藤井浩司『ダイバーシティ時代の行政学』早稲田大学出版部 ,2016 年
秋吉貴雄・伊藤修一郎・北山俊哉『公共政策学の基礎』有斐閣、2010 年
天川 晃・稲継裕昭『自治体と政策―その実態と分析』放送大学教育振興会、2009 年
礒崎初仁『変革の中の地方政府』中央大学出版部、2010 年
礒崎初仁『自治体政策法務講義』第一法規、2012 年
礒崎初仁・金井利之・伊藤正次『ホーンブック地方自治［第 3 版］』北樹出版、2014 年
市川喜崇『日本の中央―地方関係―現代型集権体制の起源と福祉国家』法律文化社、2012 年
伊藤正次・出雲明子・手塚洋輔『はじめての行政学』有斐閣、2016 年
稲継裕明『自治体ガバナンス』放送大学教育振興会、2013 年
今村都南雄『行政学の基礎理論』三嶺書房、1997 年
今村都南雄『ガバナンスの探求―蠟山政道を読む』勁草書房、2009 年
岩崎 忠『公共用地買収の制度と技術―政策執行過程における説明責任の視角から』東京大学都市行政研究会研究叢書 18、1999 年
岩崎 忠『「地域主権」改革―第 3 次一括法までの全容と自治体の対応』学陽書房、2012 年
岩崎 忠『自治体の公共政策』学陽書房、2013 年
内海麻利『まちづくり条例の実態と理論―都市計画法制の補完から自治の手だてへ』第一法規、2010 年
江藤俊昭『自治体議会学』ぎょうせい、2012 年
江藤俊昭『議会改革の第 2 ステージ―信頼される議会づくりへ』ぎょうせい、2016 年
大杉 覚『戦後地方制度改革の＜不決定＞形成』東京大学都市行政研究会研究叢書 4、1991 年
大森 彌『官のシステム』東京大学出版会、2006 年
大森 彌『自治体職員再論』ぎょうせい、2015 年
笠原英彦・桑原英明『日本行政の歴史と理論』芦書房、2004 年
金井利之『自治制度』東京大学出版会、2007 年
金井利之『実践自治体行政学―自治基本条例・総合計画・行政改革・行政評価』第一法規、2010 年
川崎政司『ポイント解説「地域主権改革」関連法』第一法規、2012 年
上林陽治『非正規公務員の現在―深化する格差』日本評論社、2015 年
神原 勝・辻道雅宣『戦後自治の政策・制度事典』公人社、2016 年
木佐茂男・田中孝男『新版自治体法務入門』公人の友社、2016 年
北村喜宣『ポスト分権改革の条例法務―自治体現場は変わったか』ぎょうせい、2003 年
北村喜宣『分権改革と条例』弘文堂、2004 年
北村喜宣・礒崎初仁・山口道昭『政策法務研修テキスト（第 2 版）』第一法規、2005 年
北村喜宣・山口道昭・出石稔・礒崎初仁『自治体政策法務―地域特性に適応した法環境の創造』有斐閣、2011 年
北村喜宣『第 2 次分権改革の検証―義務付け・枠付けの見直しを中心に』敬文堂、2016 年
北村喜宣・中原茂樹・宇那木正寛・須藤陽子『行政代執行の理論と実践』ぎょうせい、2015 年
クリストファー・フッド著、森田 朗訳『行政活動の理論』岩波書店、2000 年
小泉祐一郎『地域主権改革一括法の解説』ぎょうせい、2011 年
小泉祐一郎『国と自治体の分担・相互関係－分権改革の検証と今後の方策－』敬文堂、2016 年
小原隆治・寄本勝美『新しい公共と自治の現場』コモンズ、2011 年
斎藤 誠『現代地方自治の法的基層』有斐閣、2012 年
柴田直子・松井 望『地方自治論入門』ミネルヴァ書房、2012 年
嶋田暁文『みんなが幸せになるための公務員の働き方』学芸出版社、2014 年
ジョセフ・E・スティグリッツ著、藪下史郎訳『スティグリッツ公共経済学［第 2 版］上』東洋経済新報社、2003 年
新藤宗幸『地方分権［第 2 版］』岩波書店、2002 年
新藤宗幸『概説 日本の公共政策』東京大学出版会、2004 年

神野直彦・小西砂千夫『日本の地方財政』有斐閣、2014年
鈴木庸夫『自治体法務改革の理論』勁草書房、2007年
鈴木庸夫『大規模震災と行政活動』日本評論社、2015年
曽我謙悟『行政学』有斐閣、2013年－新しい行政』北樹出版、2014年
武智秀之『政策学講義―決定の合理性』中央大学出版部、2013年
田丸 大『法案作成と省庁官僚制』信山社、2000年
田村達久『地方分権改革の法学分析』敬文堂、2007年
辻山幸宣『地方分権と自治体連合』敬文堂、1994年
飛田博史『財政の自治』公人社、2013年
外山公美他『日本の公共経営―新しい行政』北樹出版、2014年
新川達郎『政策学入門－私たちの政策を考える－』法律文化社、2013年
西尾 勝『行政学の基礎概念』東京大学出版会、1990年
西尾 勝『未完の分権改革―霞が関官僚と格闘した1300日』岩波書店、1999年
西尾 勝『行政学（新版）』有斐閣、2001年
西尾 勝『地方分権改革』東京大学出版会、2007年
西尾 勝『自治・分権再考』ぎょうせい、2013年
野中郁次郎『知識創造の経営―日本企業のエピステモロジー』日本経済新聞社、1990年
人見 剛『分権改革と自治体法理』敬文堂、2005年
人見 剛・横田覚・海老名富夫『公害防止条例の研究』敬文堂、2012年
平井宣雄『法政策学－法制度設計の理論と技法［第2版］』有斐閣、1995年
松本英昭『自治制度の証言』ぎょうせい、2011年
真渕 勝『行政学』有斐閣、2009年
真山達志『ローカル・ガバメント論―地方行政のルネッサンス』ミネルヴァ書房、2012年
真山達志『政策実施の理論と実像』ミネルヴァ書房、2016年
森田 朗『行政学の基礎』岩波書店、1998年
森田 朗『現代の行政（改訂版）』放送大学教育振興会、2000年
森田 朗『会議の政治学』慈学社、2006年
森田 朗『制度設計の行政学』慈学社、2007年
森田 朗・金井利之『政策変容と制度設計―政界・省庁再編前後の行政』ミネルヴァ書房、2012年
山口道昭『明快！地方自治のすがた』学陽書房、2015年

初出一覧

本書は、以下の作品をベースにまとめたものである。
○連載「分権改革の成果を活かす！市民のための公共政策」『ガバナンス』ぎょうせい、2014年4月－2015年3月
○「特集：自治体間問題を考える：定住自立圏構想と地方中枢拠点都市制度－連携協約法制度化のインパクト」『都市問題 106巻2号』後藤・安田記念東京都市研究所、2015年2月号
○上毛新聞「視点オピニオン21」2015年12月31日、2016年2月25日、同年4月21日、同年6月26日、同年8月9日、同年9月19日掲載分

● 著者紹介

岩﨑　忠　（いわさき・ただし）

1967 年神奈川県生まれ。
東京大学大学院 法学政治学研究科修士課程修了【修士（法学）】
神奈川県職員（1991 年 4 月～ 2010 年 3 月）、公益財団法人地方自治総合研究所常任研究員（2010 年 4 月～ 2014 年 9 月）を経て、現在に至る。

現在：高崎経済大学地域政策学部准教授
　　　中央大学大学院公共政策研究科兼任講師
　　　青山学院大学総合文化政策学部非常勤講師
　　　群馬の未来創生懇談会検証部会部会長
　　　群馬県行政不服審査会委員
　　　相模原市空家等対策協議会会長
　　　相模原市情報公開・個人情報保護、公文書管理審査会委員
　　　秦野市行財政調査会委員
　　　愛川町まち・ひと・しごと創生総合戦略推進委員会委員長
　　　日本地域政策学会理事
　　　日本自治学会幹事　等

専攻：地方自治論、行政学、行政法

主な著書：
　『第 2 次分権改革の検証──義務付け・枠付けの見直しを中心に』（共著、敬文堂）2016 年
　「定住自立圏構想と地方中枢拠点都市制度──連携協約法制度化のインパクト」『都市問題（第 106 巻第 2 号）』（単著、後藤・安田記念東京都市研究所）2015 年
　『自治体の公共政策』（単著、学陽書房）2013 年
　『「地域主権」改革─第 3 次一括法までの全容と自治体の対応』（単著、学陽書房）2012 年
　『変革の中の地方政府──自治・分権の制度設計』（共著、中央大学出版部）2010 年
　「指定管理者制度と政策評価──神奈川県立都市公園を例にして」『自治研究（85 巻 11 号）』（単著、第一法規）2009 年　※日本公共政策学会 2010 年度学会賞「論説賞」受賞
　『公共用地買収の制度と技術──政策執行過程における説明責任の視角から』（単著、東京大学都市行政研究会研究叢書 18）1999 年　等

自治体経営の新展開

2017年3月20日　　初版第1刷発行

著　者　　岩﨑　忠

発行者　　菊池　公男

発行所　　株式会社　一　藝　社
　　　　　〒160-0014 東京都新宿区内藤町1－6
　　　　　TEL 03-5312-8890
　　　　　FAX 03-5312-8895
　　　　　振替　東京 00180-5-350802
　　　　　E-mail : info@ichigeisha.co.jp
　　　　　HP : http://www.ichigeisha.co.jp

印刷・製本　　シナノ書籍印刷株式会社

© Tadashi Iwasaki 2017　Printed in Japan

ISBN978-4-86359-120-2　C3031
乱丁・落丁本はお取り替えいたします

一藝社の本

政治学・行政学の基礎知識［第3版］
堀江 湛◆編

新しい時代に対応して、ますます密接な関係になりつつある政治学・行政学の両分野を1冊に収録。政治と行政、それぞれについて、新しい視点から現状を展望。第3版では全体的な見直しを行うとともに、平易な記述で基礎的事項を体系的に解説。特に難しいと思われる用語も「サブ・テーマ」「コラム」などで増補した。

A5判　並製　362頁　定価（本体2,500円＋税）　ISBN 978-4-86359-090-8

政治学への扉
永山博之・富崎 隆・青木一益・真下英二◆著

毎日新聞読書欄で紹介された好著。慶大出身の研究者4人が議論を重ね、内外の近年の研究成果を見据えた清新な入門書。現代政治を理解するために基本となる国家の意味を問いかけ、民主制の根本を明らかにする。さらに、行政の役割、選挙、政党、議会、官僚、メディア、地方自治、それぞれの特徴、国際政治の捉え方まで、具体的な事例を挙げながら、若い世代に必須の知見と視点を提供する。

A5判　並製　256頁　定価（本体2,400円＋税）　ISBN 978-4-86359-107-3

新版 政治学の基礎
加藤秀治郎・林 法隆・古田雅雄・檜山雅人・水戸克典◆著

好評で版を重ねている、政治学の基礎的な理解を目的とした入門書。政治学が扱う様々な分野を概説し、必須項目を網羅的に取り上げて説明しているので、大学の基礎教養科目、短大のテキスト、また各種公務員試験の参考書としても最適。

四六判　並製　280頁　定価（本体2,200円＋税）　ISBN 978-4-901253-24-6

戦後70年を越えて──ドイツの選択・日本の関与
中村登志哉◆編著

「戦後70年」とは何か。日本はそれを「越える」ことができたのか。激変する世界の中、日本の国際的な「関与」と対日観の諸相を、同じ敗戦国ドイツの「選択」の分析を中心に据えて、複数の視座から比較・提示した意欲的な論考の集成。

四六判　上製　168頁　定価（本体2,800円＋税）　ISBN 978-4-86359-114-1